ビジネスモデル・イノベーションのケーススタディ

玉木欽也［編著］

Case Study of Business Model Innovation

中央経済社

目　次

序章

本書の趣旨・使い方

前テキストの出版経緯

前テキスト　玉木欽也単著『ビジネスモデル・イノベーション－未来志向の経営革新戦略』（中央経済社，2018年３月）は，図表序－１に示したように，全社戦略から，外部・内部の経営環境分析，競争戦略，ビジネスモデル・イノベーションまでの各専門領域を集大成した経営戦略を，１冊で俯瞰できるテキストとして編纂した。

このテキストの特色として，まず経営戦略に関わる広域な各種の専門領域を相互に関連づけて，経営革新に必要な戦略を着手する順番に沿って体系化したことである。次に，経営戦略で取り扱うべき著名な専門理論や技法をほぼ網羅し，かつ現在および未来の経営に役立つと思われる応用理論やそれらに関連した企業事例をわかりやすく紹介している。最後に，このテキストの最終章の「ビジネスモデル・イノベーション」では，未来戦略デザイン志向によるビジネスモデルを開発する方法として，事業コンセプト，ビジネスプロセスモデル，収益モデル，ビジネスモデル評価を，図や表と文章でわかりやすく表現する手順と方法を具体的に示したことである。

本書『ビジネスモデル・イノベーションのケーススタディ』の出版の狙い

自社の経営革新に実際に取り組んでいくと，幾多の困難や失敗に遭遇することがある。まず，全社の英知と経営資源を投入して乗り越えていく際に，経営学に関する様々な専門理論や技法が点在している中から，自社の事情に合わせてどのようなものを選べばよいのかわからないことが多々ある。次に，自社が遭遇している問題に対して，それらの理論や技法をカスタマイズして，応用していくことはさらに難しい。解決策を求めて，ビジネス本を何冊読んでも，ビジネス雑誌で紹介されている先進事例を読んでも，自社の独特な事情や独自の強みや経営資源の特色に結び付けて，困っている問題の解決策を見い出せない。特に，未来戦略デザイン志向の経営革新につながるビジネスモデルを発想するためには，何からはじめればよいのか見当もつかないというのが現実的な悩みだといえる。

以上のような背景を受けて，経営革新戦略の実践応用力や，未来戦略デザインに向けたビジネスモデルの構想力を養成する学習機会を設けてほしいとの声をしばしば聴く機会が多くなってきた。そのような社会的な要請を受けて，本書『**ケーススタディ**』を世に送り出したいということが動機となった。

最近，長期的視点に立った未来戦略ビジョンの策定や，SDGs（Sustainable Development Goals，持続可能な開発目標）経営の重要性，ESGとして環境（Environment），社会（Social），企業統治（Governance）の観点から非財務情報に着目した企業価値評価，共通価値（経済的価値と社会的価値の両立，CSV［Creating Shared Value］）視点のビジネスモデル・イノベーションの必要性が叫ばれるようになってきた。

以上のように，社会的な要請と，SDGs/ESG/CSV視点の未来戦略デザイン経営をすでに実践している対象企業とその事業実践が発掘できてきたことがマッチングして，単なる事例紹介を超えた，「ビジネスモデル・イノベーションに準拠した『**ケーススタディ**』」の出版に挑戦したいという動機づけになった。前テキストの各章に対応した専門領域を得意とする研究者・実践家５名が協力し合って，対象企業の選定と調整，当該企業から提供していただいた資料調査および訪問インタビューを経て，編集活動を２年間にわたって進めてきた努力の結晶として本書が生まれた。

図表序-1　前テキスト『ビジネスモデル・イノベーション
—未来志向の経営革新戦略』の体系

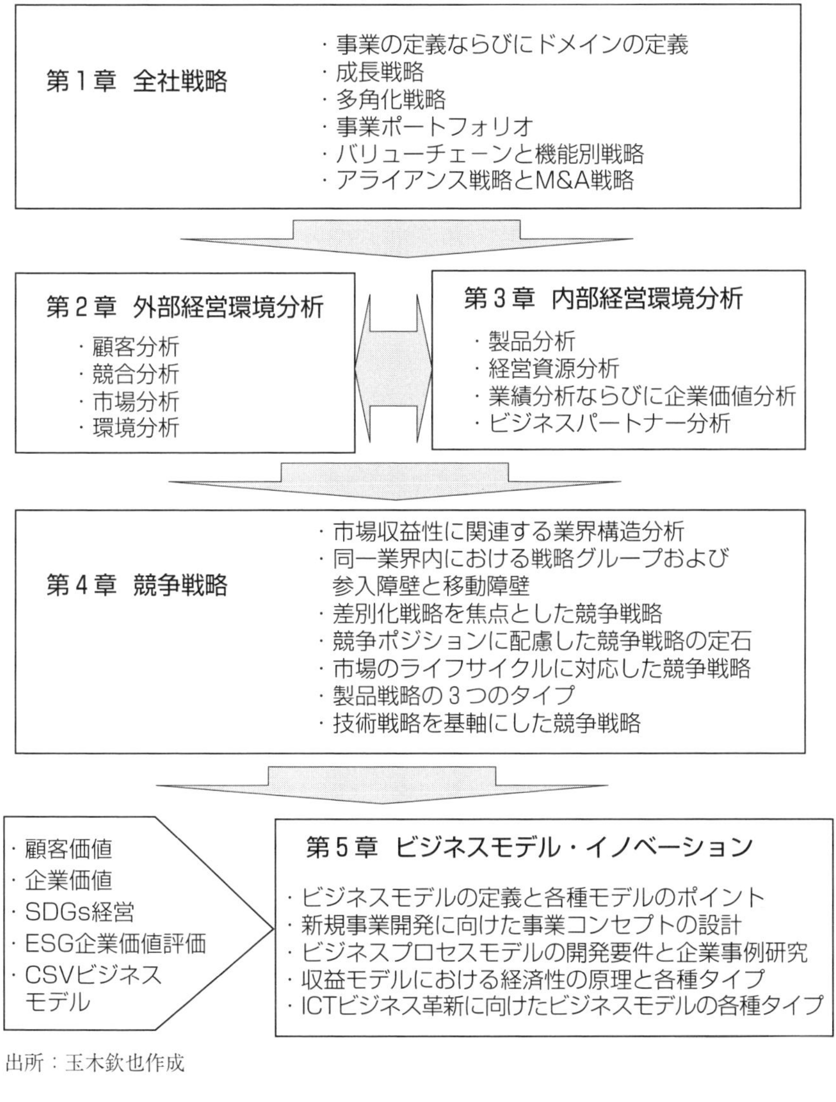

第1章　全社戦略
・事業の定義ならびにドメインの定義
・成長戦略
・多角化戦略
・事業ポートフォリオ
・バリューチェーンと機能別戦略
・アライアンス戦略とM&A戦略
第2章　外部経営環境分析
・顧客分析
・競合分析
・市場分析
・環境分析
第3章　内部経営環境分析
・製品分析
・経営資源分析
・業績分析ならびに企業価値分析
・ビジネスパートナー分析
第4章　競争戦略
・市場収益性に関連する業界構造分析
・同一業界内における戦略グループおよび参入障壁と移動障壁
・差別化戦略を焦点とした競争戦略
・競争ポジションに配慮した競争戦略の定石
・市場のライフサイクルに対応した競争戦略
・製品戦略の3つのタイプ
・技術戦略を基軸にした競争戦略
・顧客価値
・企業価値
・SDGs経営
・ESG企業価値評価
・CSVビジネスモデル
第5章　ビジネスモデル・イノベーション
・ビジネスモデルの定義と各種モデルのポイント
・新規事業開発に向けた事業コンセプトの設計
・ビジネスプロセスモデルの開発要件と企業事例研究
・収益モデルにおける経済性の原理と各種タイプ
・ICTビジネス革新に向けたビジネスモデルの各種タイプ

出所：玉木欽也作成

『ビジネスモデル・イノベーションのケーススタディ』の執筆内容と特色

経営学は，狭い意味での理論や学説に対する探求主義ではなく，現実的な企業の経営戦略，経営行動に対する問題意識，実証研究志向の性格をより強くもって発展してきた経緯がある。

そこで本書『ケーススタディ』の特色は，この問題意識や実証研究志向に基づいて，前テキストで取り扱った各章の専門領域（全社戦略，外部・内部経営環境分析，競争戦略，ビジネスモデル・イノベーション）ごとに対応した専門領域を研究対象としている著者５名が，前述した問題意識をもって未来戦略デザイン志向の経営革新戦略を展開している企業をそれぞれ選び出した。特に，大企業などの企業規模に偏らず，業界・業種もできるだけ広くとり，とにかくそれぞれの専門領域で未来戦略デザイン志向の先進動向を切り開く知見を示唆しくれる企業と事業事例を選ぶことと，本書の趣旨に賛同していただき熱意をもって語ってくれる経営トップマネージャと担当者との出会いにこだわった。

そして，それぞれの企業の事例研究を執筆する際には，公開されている資料の参照に加えて，当該企業に所属している経営トップマネージャ自身が執筆を担当した場合や（東急グループ），未来戦略デザイン志向の経営革新を実践している企業担当者（シダックスグループ，パルコグループ，オーエスジーグループ，Will Smart，ベジアなど）に訪問インタビューを行って，本書の編纂活動を進めてきた。

本書の根幹の狙いといえるのが，それぞれの企業の事例研究の執筆内容に関連づけて，各章の末尾には「ケーススタディ」を設け，テキストの各章の専門領域ごとに対応した課題を出題したことである。読者自身が，各企業の事例研究を通読したアウトプットとして，主体的な調査研究を行い再考を促す工夫をしている。これらにより，冒頭で述べた経営革新戦略の実践応用力の養成や，ビジネスモデルの構想力を養成する目標を達成していただきたい。

もう一度強調したいことは，通常の事例紹介本として本文をサラッと通読するのであれば，本書の価値は半減する。つまり，十分な時間をかけて本気で「ケーススタディ」に取り組んでいただきたい。

本書で選び抜いた対象企業では，冒頭で述べたように幾多の困難や失敗に遭遇しても，自社の経営革新が成功するまで挑戦し続けた経営者やマネージャたちが社会に貢献したいという思いを込めて社運を切り開いてきた。それらの方々の心意気を，また，個々の経営者やマネージャが創意工夫し続けてきた経営ノウハウの奥義を，読者自らが取り組もうとしている仕事や立場に描写しながら，何度も本文の行間を読み，ケーススタディのストーリーを論理的に書き記していけるように熟慮していただきたい。そして，従来の事例紹介では得られなかった，実践応用力や構想力を養成する目標を達成するためには，読者自らの調査研究の努力を惜しまず，できることなら前テキストの専門理論や技法を学び直しつつ，この「ケーススタディ」に取り組んでいただきたい。以上が本書出版の真の趣旨である。

各章のポイントとケーススタディの課題，前テキストの専門領域との対応関係

図表序-2に，本書『**ケーススタディ**』の各章で紹介した，対象企業の企業概要，事業実践事例のポイント，ケーススタディの各課題とテキストの各種の専門理論や技法との対応関係を示した。

それぞれの専門領域を担当した著者たちが，各社の主要担当者に対するインタビュー調査を行い，貴重な技術資料の提供をいただいた。このような編集活動を進めていく中で，ケーススタディづくりに応じてくださった各社について以下のような共通の印象をもつに至った。

各社では，未来志向の経営戦略・ビジネスモデル開発・顧客創造などについて，持続可能な経営実践の歴史を長年にわたり積み重ねていた。その背景には，独自の経営資源とノウハウを活かして，未来を切り開こうという強い意志をもった歴代のビジネスリーダーたちが，自社の英知を結集して，命がけで社運を切り開いて襷をつないでいた。特に，一度手がけた事業を完遂するまで困難

を乗り越える工夫を繰り返し，挑戦し続ける起業家精神を感じることができた。

まさに，冒頭で述べた本書『ケーススタディ』の出版の狙いは間違っていなかったと，執筆者一同は確信をもつことができた。

本書編纂の動機となった方策を既に実現している企業が，各専門領域別にラインアップされ，企業規模の大小によらず各社のユニークな実践事例を本書「ビジネスモデル・イノベーションに準拠した『ケーススタディ』」として編纂を完遂することができた。まさに，将来志向のSDGs経営，ESG視点からの企業価値の創造，CSVビジネスモデルの実現方法について，社会課題解決型の企業としての水先案内人のお手本とすべきものが集大成できた。ここに取材の協力，各種資料の提供，執筆原稿の構成，社内調整などにていねいに対応してくださった，各社の担当者の方々に心からの感謝を申し上げたい。

さらに本書を出版する機会をいただいた株式会社中央経済社代表取締役社長の山本継氏，経営企画・編集を担当していただいた酒井隆氏に深く感謝したい。

2021年6月

執筆者代表として，編著者　玉木欽也

図表序-2　各社の事業概要，各章のポイント，ケーススタディの課題と前テキストの対応関係

【全社戦略】

第1章　コマツ：デジタルとICTを活かしてビジネスモデル・イノベーション —製造業のサービス化・収益源を「モノ」から「コト」へ—		
事業概要	各章のポイント	【課題】と前テキストの対応
建設機械の製造・販売と，顧客が購入した建設機械のプラットフォーム・サービス，ソリューション	・ビジネスモデル ・ドメインの再定義 ・オープンイノベーション戦略	・全社戦略：事業とドメインの定義 ・内部経営環境分析：ビジネスパートナー分析「オープンイノベーション戦略」
第2章　シダックスグループ：フードサービスから総合サービス企業へ —ESG企業への道を拓いたビジョン経営—		
法人から業務を受託【B to B事業】，スペシャリティーレストランなど一般の顧客を対象【BtoC事業】，自治体の業務を受託して行財政改革の支援【B to P事業】	・給食事業の創業 ・トータルアウトソーシングサービス（TOS） ・健康創造企業と社会課題解決型企業という新しいビジョン	・全社戦略：事業・ドメインの定義 ・全社戦略：垂直的・水平的関連多角化，非関連多角化 ・全社戦略：アライアンス戦略とM&A戦略

【外部経営環境分析】

第3章　パルコグループ：各テナントへプラットフォーム・サービス支援によるオムニチャネル　—ICT・デジタル技術を活用した「デジタルSCプラットフォーム戦略」—		
事業概要	各章のポイント	【課題】と前テキストの対応
商業施設の開発・運営を行うショッピングセンター（SC）事業，専門店事業，総合空間事業，その他の事業の4つのセグメントで展開	・百貨店とSCの違い ・SCコンシェルジュ・プラットフォーム ・各テナントに対するオムニチャネル支援 ・接客サービスの革新 ・セレンディピティセンターへの未来デザイン	・外部経営環境分析：顧客分析，環境分析 ・ビジネスモデル・イノベーション：オムニチャネル

第4章　花王グループ：技術イノベーションとスモールマスマーケティング ―130余年にわたり顧客ニーズを先取りした市場創造―		
豊かな生活文化の実現を目指す化学メーカーとして，化粧品，スキンケア・ヘアケア，ヒューマンヘルスケア，ファブリック&ホームケアに関する一般消費者向けコンシューマープロダクツと，産業界に向けたケミカル製品を製造・販売	・「デジタルマーケティング戦略」から「スモールマスマーケティング」への展開 ・「乾燥性敏感肌」の市場創造 ・スキンケア・メイクの技術イノベーション ・ESGへの取組み	・外部経営環境分析：顧客分析 ・外部経営環境分析：市場分析 ・ビジネスモデル・イノベーション：ビジネスモデルの定義と各種モデルのポイント

【内部経営環境分析】

第5章　良品計画：シンプルなデザインと暮らしの「無印良品・MUJI」グローバルブランド　―デザインマネジメントで「感じ良いくらし」のライフスタイル提供―		
事業概要	**各章のポイント**	**【課題】と前テキストの対応**
・無印良品「MUJI」は，商品企画・開発・製造から流通・販売までを行う製造小売業のブランドを取り扱う	・ビジネスモデル ・製品戦略とその実践 ・経営資源分析 ・「デザインマネジメント」の持続可能な外部環境との双方向性	・内部経営環境分析：製品分析「製品ラインアップ／製品ライン戦略」 ・内部経営環境分析：経営資源分析「資源ベース理論」 ・内部経営環境分析：製品分析「プラットフォーム戦略」
第6章　オーエスジーグループ：グローバルニッチ企業の差別化戦略　―技術開発力と設備内製化で加工工具のシェアトップを狙う―		
金属に穴あけなどの加工を行う工作機械の先端に取り付ける刃物（穴加工切削工具）を製造・販売する，製造設備用の加工工具メーカー	・製品戦略と技術戦略 ・中期経営計画にみるオーエスジーグループの成長戦略 ・グローバルニッチ：差別化戦略 ・顧客価値創出に向けたバリューチェーン	・内部経営環境分析：製品分析「製品プラットフォーム戦略」 ・内部経営環境分析：製品分析「技術プラットフォーム戦略」／競争戦略：製品戦略の３つのタイプ「製品技術戦略」

【競争戦略】

第７章　東急グループ（東急株式会社）：ライフスタイルとワークスタイルのイノベーション　―次世代の街づくり戦略を考える―		
事業概要	**各章のポイント**	**【課題】と前テキストの対応**
鉄軌道事業を基盤とした「街づくり」を事業の根幹に置き，長年にわたって都市生活者のライフスタイルやワークスタイルの創造。都市開発関連に加えて，その他の事業部門として，生活サービス事業，リテール事業，ホテル・リゾート事業，国際事業などを展開	・３つの日本一とイノベーション ・鉄軌道事業の課題と事業子会社化 ・新・３か年中期経営計画と長期ビジョン ・イノベーション創造と長期経営構想	・全社戦略：非関連多角化戦略 ・競争戦略：差別化戦略 ・ビジネスモデル・イノベーション：社会課題解決（SDGs）

【ビジネスモデル・イノベーション】

第８章　株式会社Will Smart：IoTイノベーションによるベンチャー企業のビジネスモデル　―B to B顧客とビジネスエコシステムを構築する共創戦略―		
事業概要	**各章のポイント**	**【課題】と前テキストの対応**
IoTディバイスの製造や，クラウドのシステム構築上のIoT関連技術，IoTソリューションを，B to B顧客との協働の中で事業化	・技術戦略と製品・サービス戦略 ・ビジネスモデル・イノベーション	・ビジネスモデル・イノベーション：ビジネモデルの各種タイプ ・内部経営環境分析：ビジネスパートナー分析

第9章　ベジア：日本の「農」と「食」の可能性を広げる大学発ベンチャー ―独自の常温乾燥技術で農業と地域を活性化―		
山形大学発のベンチャー企業であり，同大学で開発された食品の常温乾燥技術や有機エレクトロニクス（EL）技術を核に，生鮮食品の乾燥化による食品廃棄の削減と，規格外品などの有効活用による農家の収入向上に挑戦	・固有技術と知財を活用した事業 ・自社と外部パートナーの役割分担の決定 ・地域産品の活用事例 ・産官学連携「地方創生推進交付金」の活用 ・規格外品を含む包括的仕入れと加工拠点の全国展開 ・ベジアの事業のポイント	・ビジネスモデル・イノベーション：ビジネスモデルの定義と各種モデルのポイント ・ビジネスモデル・イノベーション：新規事業開発に向けた事業コンセプトの設計

以上

※本書中，参照頁の記載は

本書に言及するものについては（p.00），
前テキストに言及するものについては［p.00］

と，（　　）と［　　］を区別して表示しています。

コマツ

第1章 デジタルとICTを活かしてビジネスモデル・イノベーション

―製造業のサービス化・収益源を「モノ」から「コト」へ―

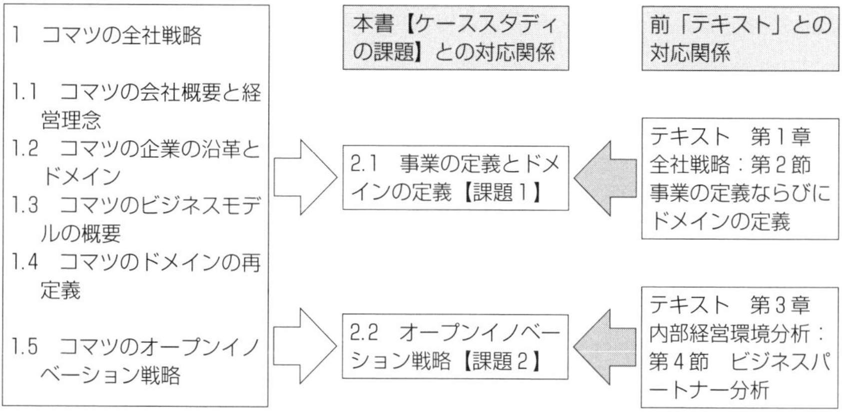

出所：鈴木宏幸作成

1　コマツの全社戦略

【ポイント】

コマツ（小松製作所）は，建設機械の製造販売を手掛ける企業でありながら，ビジネスモデルを大きく転換して，今日の製造業の課題であるデジタルシフトによるサービス事業化を顕著に実現している企業である。コマツは，あらゆるモノがネットにつながるIoT技術を使うことによって，収益源を「モノ」から「コト」へシフトすることを実現している。このビジネスモデルの革新とは具体的にどういうことなのかについて考えてみたい（本書第1章のトップページ図表参照）。

コマツのビジネスモデルは，「モノ」としての建設機械の製造販売に加えて，「KOMTRAX（機械稼働管理システム）」を開発し，建機の位置情報／稼働状況の見える化を標準装備し，アフターサービスの拡大を実現している。さらに，建設現場ICT（情報通信技術）ソリューション「スマートコンストラクション」を開始して，施工計画／工事進捗状況／施工管理などによる建設現場全体の生産性の向上を図っている。アフターサービスの向上およびユーザーにとってのコスト削減につながるソリューションとなる「コト」も併せて提供して，事業化と収益化をするものである。

1.1　コマツの会社概要と経営理念

1.1.1　コマツの会社概要（2019年3月末日）

商号	コマツ（登記社名：株式会社小松製作所）
本店所在地	東京都港区赤坂二丁目3番6号
設立	1921年（大正10年）5月13日
資本金	連結　683億11百万円，単独　705億61百万円

売上高	2兆7,252億円（連結）
営業利益	3,978億円
従業員数	［連結］61,908名　［単独］11,537名
代表者	代表取締役社長（兼）CEO　小川　啓之

業績の推移について，売上高および事業セグメントの推移（図表1－1参照）と営業収益および当期純利益の推移（図表1－2参照）は以下のとおりである。

1.1.2　コマツの経営理念

コマツの経営の基本は，「品質と信頼性」を追求し，社会とステークホルダーからの信頼度の総和を最大化することである。

【コマツの経営の基本「コマツウェイ」】

(1)　マネジメント／リーダーシップ編

①　経営トップ／リーダーの心構え

・経営トップ／リーダーの現場密着

図表1－1　コマツの売上高および事業セグメントの推移

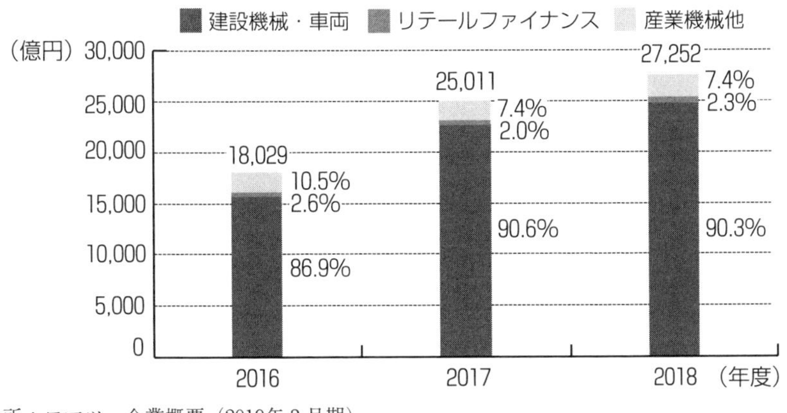

出所：コマツ　企業概要（2019年3月期）

図表１－２　コマツの営業収益および当期純利益の推移

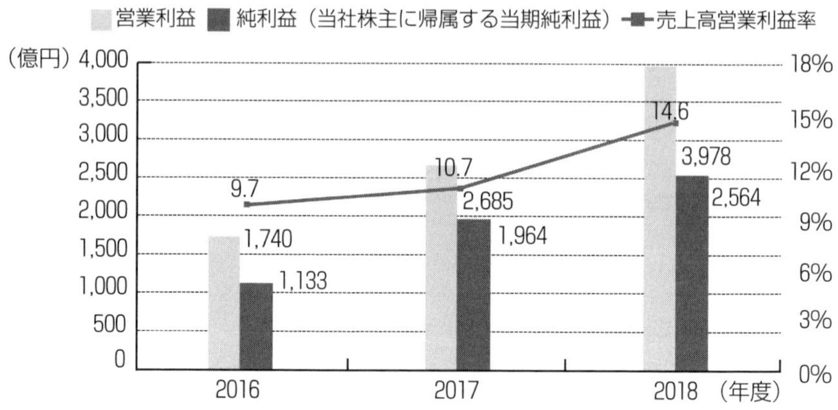

出所：コマツ　企業概要（2019年３月期）

・パートナー間の連携

・方針展開

・人材育成

・ブランドマネジメントで意識改革

②　経営トップ／リーダーの行動指針

・取締役会を活性化すること

・全ステークホルダーとのコミュニケーションを率先垂範

・ビジネス社会のルールを遵守すること

・決してリスクへの対応を先送りしないこと

・常に後継者育成を考えること

⑵　“ものづくり”編

・品質と信頼性の追求

・顧客重視

・源流管理

・現場主義

・方針展開
・ビジネスパートナーとの連携
・人材育成・活力

⑶　ブランドマネジメント編
・顧客を理解する
・顧客に総合力で向き合う
・顧客と共に歩む

1.2　コマツの企業の沿革とドメイン

1.2.1　コマツの企業の沿革

コマツは，1921年5月に株式会社小松製作所として設立され，1931年に農耕用トラクターの国産第1号を完成させて以来，建設機械の製造販売の業界リーダーとして，「モノづくり競争力」の強化に努め，強さの源泉としてきた［コマツについて　沿革］。

1953年にフォークリフト，ダンプトラック，特殊車両の生産を開始するとともに海外への輸出を軸に市場を拡大してきた。1964年にデミング賞実施賞，1981年に日本品質管理賞を受賞できたことに裏づけられるように，高度な品質向上に努めている。また，1975年以降は海外現地生産を推進し，併せて，海外販売拠点も拡大させている。

1998年には「KOMTRAX（機械稼働管理システム）」を開発し，2001年から建機の位置情報／稼働状況の見える化を標準装備し，アフターサービスの拡大を図った。

2015年には建設現場ICTソリューション「スマートコンストラクション」を開始して，施工計画／工事進捗状況／施工管理などによる建設現場全体の生産性の向上を図った。近年は「ランドログ」というオープンプラットフォームによるデータの一元管理とアプリケーションソフト（API）の提供も行っている。

1.2.2 コマツのドメイン

⑴ 主な顧客

コマツの主な顧客は，世界で鉱山事業を営む天然資源を開発する企業や，建設機械を使う土木・建設事業などの中小・中堅企業を中心とした世界中の企業である。鉱山現場や工事現場で日夜，大型ショベルカーなどを使って採掘や工事を行う企業が顧客であり，全社の売上げの約90％を占めている。海外売上高比率は約85％である。

⑵ 主な製品・サービスおよび活動

コマツグループでは主に，建設・鉱山機械，ユーティリティ（小型機械），林業機械，産業機械などの事業を展開している。主な機械は以下のとおりである［コマツ　商品・サービス　建設機械・車両］：油圧ショベル，ミニショベル，ブルドーザー，ホイールローダー，ダンプトラック，不整地運搬車，モーターグレーダー，環境リサイクル機械など。また，道路／鉄道／共同溝などのトンネルを掘削する地下建機も含まれる。

コマツの代表的なサービスには，次のようなものがある［コマツ　サービス／ソリューション］。「KOMTRAX」（図表１－３参照）のサービスは，建設機械に取り付けた機器から車両の位置や稼働時間あるいは稼働状況などの情報を提供するサービスシステムである。KOMTRAXの端末を搭載した建設機械から発信された情報を活用することにより，顧客の保有車両の稼働率向上や維持費の低減など，機械の使用ライフサイクルでのサポートに貢献するサービスである。

また，「KOMTRAX Plus」（図表１－４参照）いう名称のサービスは，鉱山向け大型機械の管理システムサービスで，遠隔地からでも衛星通信経由で，ほぼリアルタイムに車両の「健康状態」「稼働状態」を把握して，インターネットによる現場への配信により最適なサポートを可能とするものであり，修理コストの低減や稼働率の向上を実現するサービスである。

図表1－3 「KOMTRAX」の概要

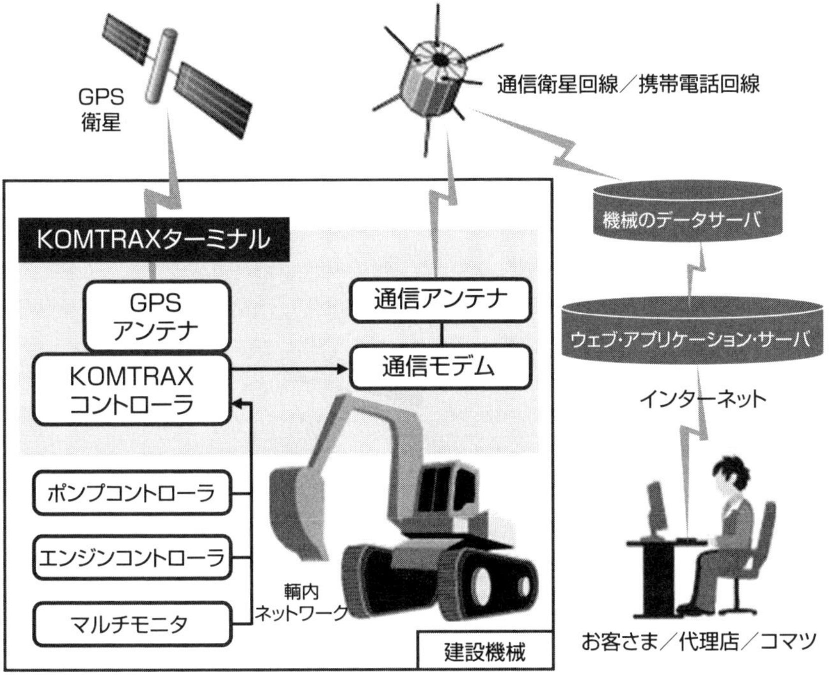

出所：「コマツ　サービス/ソリューション」

コマツは，全ての建設機械にICTを装備して，メンテナンスや稼働状況などのサービスを提供している。

加えて，「スマートコンストラクション（SMARTCONSTRUCTION）」では，現場の建設機械だけでなく，クラウド型のプラットフォーム・サービスを使って，工事が始まる前から終わるまでの全ての工程に関わるヒト，機械，土に関わる情報をICTでつないでいる（図表1－5参照）。コマツの建設機械が関わる施工だけでなく，測量やダンプトラックの土の運搬などのプロセスを見える化し，最適化を図って工期の短縮にも貢献できるようにパッケージ化してレンタルするサービスがある。

図表１－４〉「KOMTRAX Plus」の概要

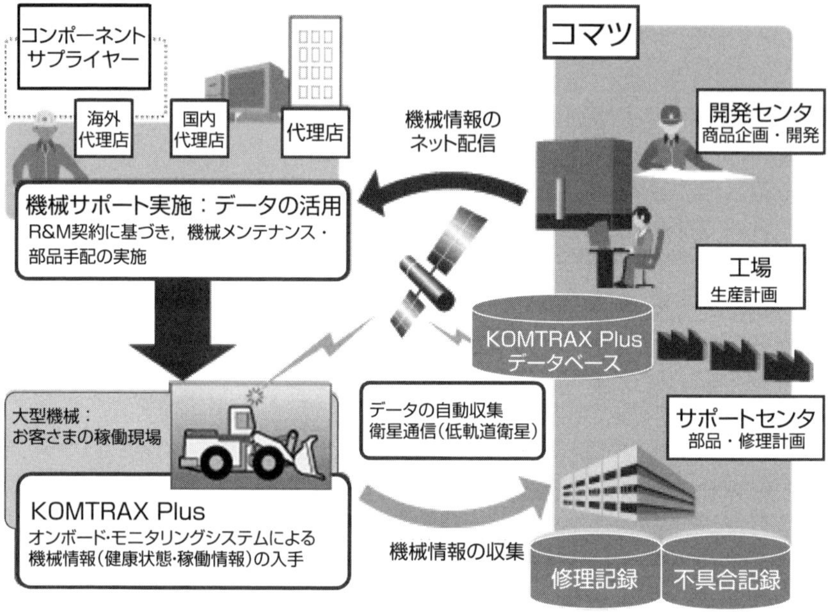

出所：「コマツ　サービス/ソリューション」

⑶　主な展開

コマツグループは，コマツを含む266社（連結対象）で構成されている：コマツ（親会社）１社，連結子会社数 215社，持分法適用会社数 42社（図表１－６参照）。

1.3　コマツのビジネスモデルの概要

1.3.1　ビジネスモデル・イノベーションの特徴

これまで述べてきたように，製造業としてデジタルシフトによるサービス事業化に焦点を当て，ハードを売るだけでなく，あらゆるモノがネットにつながるIoT技術を使って収益源を「モノ」から「コト」へシフトさせている。

図表1－5　「SMARTCONSTRUCTION」の概要

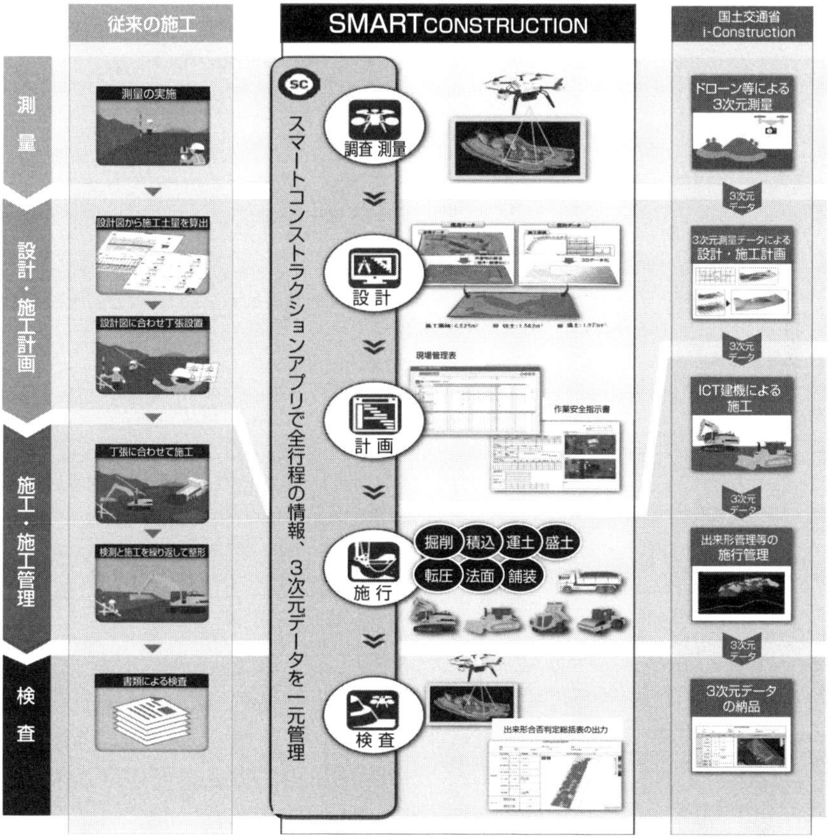

出所：「コマツ　スマートコンストラクションのプロセス」

(1)　経営戦略

コマツは対象顧客のあらゆるベネフィットを包括的に考慮しつつ，部品供給業者や販売店とのウィン・ウィンの協業関係を構築し，先進の技術革新と品質に対するこだわりをもちつつ，M&Aを通じた事業拡大によってグローバル展開を行うことを主軸としている。

図表1-6 コマツグループの拠点展開

	生産拠点	販売拠点	パーツセンター	リマン・リビルドセンター	トレーニングセンター
米州	36	22	15	3	3
欧州・CIS	14	14	6	2	7
中近東・アフリカ	1	5	2	1	2
アジア・オセアニア	13	12	15	5	2
中国	9	4	2	2	1
日本	12	1	5	—	2

出所：コマツについて　生産・販売拠点（2019年3月期）

(2) ソリューションサービスとしてのそのビジネスモデル

「モノ」としての建設機械の製造販売に加えて，サービスレベルの向上およびユーザーにとってのコスト削減につながるソリューションとなる「コト」も併せて提供して，事業化・収益化する。コマツは製品がコモディティ化することを防ぎ，製品のライフサイクル全般にわたって収益源とするビジネスモデルを確立した。

(3) コア・コンピタンスとしてのその源泉

コマツは，製造現場だけでなく，研究開発，生産，販売，プロダクトサポートなどの全ての社内部門や，協力企業，代理店などのバリューチェーンを構成する全ての部門・パートナーが一体となって行う活動を「モノづくり」と呼んでいる。このような強固な関係性の構築による「モノづくり」があってはじめて，ICT化の推進を通じた「見える化」「サービス化」の実現に繋げていくことができる。

(4)　製品ラインアップ

前述した主な製品・サービスの内容が主要で約9割を占めるが，加えて，産業機械のプレス，板金機械，工作機械なども手掛けている。

(5)　組織

前述の「コマツウェイ」(p.13) の徹底が特長的である。建前や理想ばかりではなく，戦略実行力を高める組織として，全社のあらゆる組織において，「品質と信頼性」を追求し，社会や個客を含むステークホルダーからの信頼度の総和を最大化するための具体的な機能を常に実装している。

(6)　コーポレートブランド

コマツは，世界の建設・鉱山機械業界の中で，米国のキャタピラー社とともに市場リーダーであり，先進かつ一流のコーポレートブランドを維持すべく，「コマツなしでは事業が成り立たない」「コマツがあれば最大限メリットを享受できる」を目指している。

1.4　コマツのドメインの再定義

1.4.1　ドメインの変革

コマツは，製造業としてのデジタルシフトによるサービス事業化に焦点を当て，ハードを売るだけでなく，あらゆるモノがネットにつながるIoT技術を使って収益源を「モノ」から「コト」へシフトしている。

ドメインをシフトさせて，再定義してきたのが，ドメインの機能的表現である。「そのモノが生み出すサービスに即したもの」，および時間的な広がりである「ドメインがダイナミックな時の流れに沿って将来の事業の展開方向性を描くようなもの（動態的)」を踏まえて，変革の成功要因を中心に考察すると以下のとおりである。

(1) 変革の背景や目的

コマツは，1990年代には建設機械業界の成熟した市場の中で，厳しい競争環境で苦闘して業績も停滞していた。このような経営環境の下，1990年代の後半に，機械にGPSやセンサをつけて建機の状況を把握できるようにしたらどうかという議論が社内で湧き上がったことから，ドメインの変革がスタートした。

ここから経営トップの判断によって，GPS機能と連動したKOMTRAXシステムを，オプションではなく標準装備として全面導入することになり，建機の位置情報や稼働状況の見える化が図られて，さらにアフターサービスの拡大がなされた。それから，社内でもあらゆる部門が当たり前に，そのKOMTRAXシステムのデータに基づき，議論するようになったのに加えて，顧客に対してもデータドリブンのサービス，ソリューションを展開していくことの大きな可能性が見えてきた。このようにして，「経営の見える化」と「顧客の見える化」を伴うグローバル市場攻略が大きく前進し始めた。

そこから次のステップとして，施工計画，工事進捗状況，施工管理などを含む建設現場全体の生産性の向上を目指したSMARTCONSTRUCTIONによって，さらに，デジタル時代の先進事例となるセンサー／IoT／GPSの統合化利用と，クラウド型のプラットフォーム・サービスによる建設現場全体の施工管理データの一元管理，そしてプラットフォームによって運用するアプリケーション（API）を提供するに至った。

(2) 変革内容

① 製品・サービス

従来の製造・販売業としてのモノを造って売ることから，KOMTRAX／KOMTRAX Plusでは，ICT化建機の提供と保守運用サービスのトータル提供，建機の販売ビジネスから施工のトータルソリューションの提供（建機の存在位置／稼働時間／燃料レベル／機械のエラー状況などのデータの収集・蓄積・分析・活用）へと変革を実現した。

次のSMARTCONSTRUCTIONでは，高精度測量，施工完成図面の３次元化，変動要因の調査／解析，施工計画の作成サービスを提供することにした。さらに，建設業向けプラットフォーム基盤による競合他社の建機も含めたデータ一元管理と，APIサービスの提供による顧客へのワンストップサービスを実現しつつある。

②　業務プロセス

ICTで「生産から販売，保守／運用サービスまで全ての工程」がリアルタイムに連携・循環するようになったことで，以下のように業務プロセスが変革した。

・代理店や顧客に関連した下流のバリューチェーンとつながる「市場情報と工場直結化」。
・協力会社（サプライヤー）や工場内といった部品／加工／生産のバリューチェーンの上流とつながる「ものづくりのつながる化」を実現した。
・さらに，データを活かしたトータルソリューションとして施工管理コンサルの提供へ拡大している。

③　ビジネスモデル

従来取り組んできた「ダントツ商品，ダントツサービス，ダントツソリューションを更にスピードを上げて進化，レベルアップを図っている（図表1－7参照）

前述のように，まさに建機製造販売業だけでなく建設・土木業に対する総合的なシステムソリューション業へと変革した。そして今後は，持続的な成長を踏まえた目指すべき姿として，「ESGの課題解決」を掲げている（図表1－8参照）。

なおESGとは，環境（Environment），社会（Social），企業統治（Governance）の頭文字をとった略語を意味している。企業価値を長期的に向上させるためには，企業の持続可能性が大切であり，これを理解するためには財務情報だけに注目するのではなく，非財務情報といえるESGの重要性が投資家の間で広がり，責任投資への大きなうねりをもたらしている。

図表1－7 ダントツバリュー

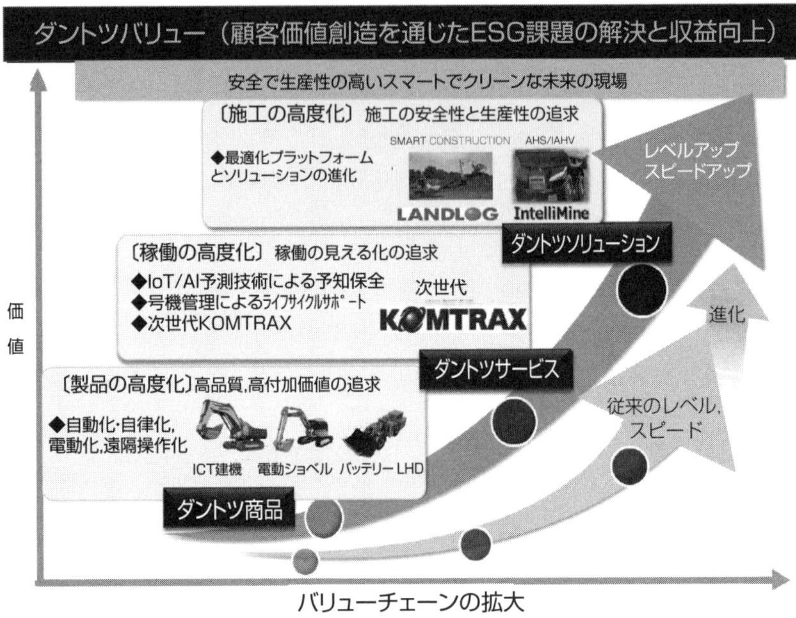

出所：「コマツ　中期経営計画（2019-2021年度）」

(3) 変革の成功要因

① 価値観の要因

全世界のコマツと，協力企業などのパートナーとで力を合わせ，顧客の現場を顧客とともに革新し，新しい価値を創造する。現場のニーズの視点から開発を出発させて，開発ゴールとする未来の商品・サービスシステムの用途・効果を明確化するという価値観や，業務をこなす意義を外の顧客に向け続けるという，前述した「コマツウェイ」(p.13) を基軸においた社内で働く姿勢があげられる。

② 組織／人材の要因

バリューチェーンの見直しによる機構・組織の刷新と，CTO室の設置が大きな要因である。さらに，部署横断でステークホルダーと連携して適切な動き

図表１－８　2019～2021年　中期経営計画の概要・位置づけ

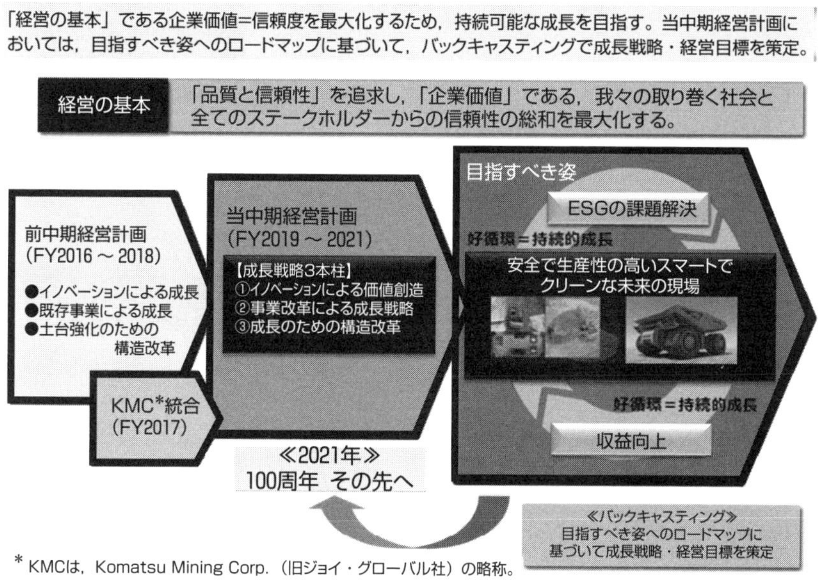
「経営の基本」である企業価値=信頼度を最大化するため，持続可能な成長を目指す。当中期経営計画においては，目指すべき姿へのロードマップに基づいて，バックキャスティングで成長戦略・経営目標を策定。
経営の基本
「品質と信頼性」を追求し，「企業価値」である，我々の取り巻く社会と全てのステークホルダーからの信頼性の総和を最大化する。
前中期経営計画
(FY2016 ～ 2018)
●イノベーションによる成長
●既存事業による成長
●土台強化のための構造改革
KMC*統合
(FY2017)
当中期経営計画
(FY2019 ～ 2021)
【成長戦略3本柱】
①イノベーションによる価値創造
②事業改革による成長戦略
③成長のための構造改革
《2021年》
100周年 その先へ
目指すべき姿
ESGの課題解決
好循環＝持続的成長
安全で生産性の高いスマートでクリーンな未来の現場
好循環＝持続的成長
収益向上
《バックキャスティング》
目指すべき姿へのロードマップに基づいて成長戦略・経営目標を策定
* KMCは，Komatsu Mining Corp.（旧ジョイ・グローバル社）の略称。

出所：「コマツ　中期経営計画（2019-2021年度）」

を価値提供できる組織能力があげられる。加えて，歴代経営トップによる英断断行の継続，現場ニーズと技術動向の両方が把握できる人材の存在がある。

③　バリューチェーンの上流・中流・下流プロセスを連携・循環した要因

得られた有益なデータ／情報を，企業内組織やパートナー，さらに顧客との間で共有して，商品開発・需要予測・部品改善・生産計画・販売・保守・運用サービス・現場コンサルまで全てのプロセスをリアルタイムに連携・循環して，バリューチェーンを最適化することがあげられる。

また，ICTとプラットフォームによって情報・データの収集・蓄積・分析・活用を有効に行うことにより，コマツ社内の経営レベルや，顧客志向の経営にインパクトを与えることができるようになった。

1.5 コマツのオープンイノベーション戦略

1.5.1 オープンイノベーション戦略の考え方

オープンイノベーションとは，自社だけでなく他社や，大学，研究機関，ベンチャー企業などの異業種，異分野が持つ技術やアイデア，サービス，ノウハウ，データ，知識などを組み合わせて，革新的なビジネスモデル，研究成果，製品開発，サービス開発，組織改革，その他イノベーションにつなげる方法論である。

コマツは，オープンイノベーション戦略でスピーディに最先端技術を取り込んで，新商品／新サービス化を図っている。技術進歩が速い今日においては，最新技術の見極めと活用が競争力を決めると考えており，積極的なオープンイノベーションに取り組んでいる。

コマツの経営者の考え方は，以下のとおりである［大橋徹二，2018］。

(1) 社会的ニーズから考えるべきである

技術シーズで始めるか，社会的ニーズで始めるかで，事業として広がるスピードは全く違う。技術の進化が加速している中で，判断すべきスピードは格段に高まっている。リスクテイクをしつつ，大きな方向性はぶれないようにして，速く走ることが重要である。

(2) オープンイノベーションで外部の力を借りる

加速する技術革新をキャッチアップするために，基幹部品やそれを制御するソフトウェアなど，重要な技術は自前で開発する。しかし，高度なICTあるいはAI（人工知能）やAR（拡張現実）などコマツが強くない技術は，革新のスピードについていくために，オープンイノベーションで外部の力を借りることが得策である。

1.5.2 オープンイノベーション戦略の実際

コマツのオープンイノベーションによる商品／ソリューションの事例には以

下のようなものがある。

(1) SMARTCONSTRUCTIONの事例

ICTの活用によって建設現場を見える化・最適化するソリューションサービスとしての「SMARTCONSTRUCTION」がオープンイノベーションによって実現された。

その中での1事例として，前述した図表1-5の中で「ドローン等による3次元測量」について，シリコンバレーのスタートアップ・Skycatch社とのオープンイノベーションにより，ドローンによる3Dマッピングを実現している。

(2) オープンプラットフォーム「LANDLOG」

建設現場から集めた建機稼働状況などのビッグデータを，オープンプラットフォーム「LANDLOG」からパートナー企業に情報を提供している。ここでは，コマツと，NTTドコモ社（無線通信に関するノウハウ），SAPジャパン社（デザインシンキングを活用したプラットフォーム創出に関するノウハウ），オプティム社（IoTプラットフォーム，AIなどに関するノウハウ）と4社共同で合弁会社「株式会社ランドログ」を設立して，オープンプラットフォーム上でAPIサービス提供を実現している。

(3) 世界初の「無人ダンプトラック運行システム（AHS）」

ここでは，アリゾナ大学からスピンアウトして生まれたスタートアップ・モジュラーマイニングシステムズ社（現在はコマツの完全子会社）とのオープンインベーションによって，AHSの開発に成功して，複数の鉱山現場で実用化できている。

2　コマツのケーススタディ

See テキスト 第1章　第2節

2.1　ケーススタディの課題1

2.1.1　事業の定義とドメインの定義

テキストの「事業の定義ならびにドメインの定義」[p.5] に関して双方の違いが次のように示されている。「事業の定義」は，事業戦略の観点から，自社が手がける事業の内容やその事業領域を決めることである。一方，多角化している企業の場合に，全社戦略の視点から，企業全体として活動領域や生存領域を定めることを「ドメインの定義」と呼ぶ。本書の「1.4　コマツのドメインの再定義」(p.21) では後者を取り扱っている。

テキストの『「ドメインの定義」の留意点と再定義』[p.8] に関して，次のようなチェックポイントを示唆されている（以下の【ヒント】参照)。

［1］機能的表現と物理的表現

［2］時間的な広がり

［3］意味の広がり

［4］資源配分の焦点

［5］ドメイン・コンセンサス

【ヒント】　**テキスト『「ドメインの定義」の留意点と再定義』[p.8]**

沼上 [2000] および榊原 [1992] は，「ドメインの定義」として表現する際に次のようなチェックポイントを示唆している。

［1］の**機能的表現**とは，製造しているモノに注目した表現ではなく（物理的表現)，モノが生み出すサービスに即してドメインを表現したものである。

［2］の**時間的な広がり**とは，ドメインが単に現状の事業構成を示すだけのものであるのか（静的)，ダイナミックな時の流れに沿って将来の事業の展開方向性を描くようなものであるのか（動的）ということである。

［3］の**意味の広がり**とは，ドメインがその企業を代表としている一時期の経営者に固有のものか（特殊的），社会的に共有されるような普遍性をもっているか（一般的）ということである。すなわち，普遍性の高い顧客価値共創や社会倫理の豊かなドメインは，意味の広がりの大きなドメインであるといえる。

［4］の**資源配分の焦点**とは，多角化企業において，各事業のポジショニングや相互関係，経営資源の配分のメリハリが明確なことである。

特に［5］の**ドメイン・コンセンサス**とは，ドメインに関する企業内外の関係者（ステークホルダー）が合意することである。企業を取り巻く多様なステークホルダーにドメイン・コンセンサスを形成してもらうためには，コーポレート・スローガンなどの短いフレーズの表現のみでは難しく，後述する「WAYとビジョンマネジメント」へと展開していくことが求められる。

ドメイン・コンセンサスの考え方をもとにすると，外部ならびに内部の経営環境の変化に応じて，ドメインも変化しなければならないことがわかる。すなわち，ドメインの定義は一度行えば済むものではなく，企業内外の環境変化との相互作用に応じて，ダイナミックに進化・改革していくものだととらえるべきである。

2.1.2⑴　本書本章の「1.4.1　ドメインの変革」（p.21）の中で，「⑴変革の背景や目的」（p.22）と「⑵変革内容：①製品・サービス，②業務プロセス，③ビジネスモデル」（pp.22～23）に関して記述されている内容を，前述のドメインのチェックポイントの中で特に以下の3つの観点から整理しなさい。

［1］機能的表現と物理的表現

［2］時間的な広がり

［3］意味の広がり

2.1.2⑵　本書本章の「1.4.1　ドメインの変革」（p.21）の中で，「⑶変革の成功要因」(p.24) に関して記述されている内容を，前述のドメインのチェックポイントの中で特に以下の２つの観点から整理しなさい。

［４］資源配分の焦点

［５］ドメイン・コンセンサス

2.2　ケーススタディの課題２

See テキスト 第３章　第４節

2.2.1　ビジネスパートナー分析：オープンイノベーション戦略

テキスト「イノベーションと企業間関係」[p.119] では，どのような大きな企業でも，イノベーションを生み出し，その果実を獲得するために，必要な活動や経営資源の全てを自社でまかなうことはできない。以下に示すように，他の企業や大学あるいは地方自治体などの外部の組織との分業や協力が必要になる。

［１］企業間分業と協力

［２］イノベーションに向けた企業システム間のマネジメント

［３］オープンイノベーションとオープンな知財マネジメント

2.2.2(1)　本書本章の「1.5.2　オープンイノベーション戦略の実際」(p.26) において，図表１－５の『SMARTCONSTRUCTION』の中で，特に「ドローン等による３次元測量」の事例について，コマツと外部の組織との分業や協力について述べられている。以下について考察しなさい。

［１］「企業間分業と協力」に関して，パートナーとなる企業のタイプ：川上企業，川下企業，関連産業の企業，そして異業種の企業など。

［２］「イノベーションに向けた企業システム間のマネジメント」に関して：

①　組織の境界の設定；どこまでを自社でやり，どこから外部の組織に委ねるのか，内と外を分ける境界を決める。

②　企業間関係のマネジメント：外部の企業と分業をする場合には，できるだけアウトソーシングの便益を活かすとともに，それに伴うデメリットを少なくすることが大切になる。

③　分業プロセスのマネジメントと組織内部のマネジメント；イノベーションのアウトソーシングは，自らの負担を軽くするためだけのものではない。お互いに得意なものを持ち寄って，新しいものを創造するための営みであり，分業プロセスの工夫と，自らのプロジェクトマネジメントの素養も向上させていく必要がある。

2.2.2⑵　本書本章の「1.5.2　オープンイノベーション戦略の実際」（p.26）において，図表1－5の『SMARTCONSTRUCTION』の中で，特に『オープンプラットフォーム「LANDLOG」』（p.27）の事例について，コマツと外部の組織との分業や協力について述べられている。前記の2.2.2⑴と同様な考察をしなさい。

【取材協力の謝辞】

コマツ（株式会社小松製作所）

【引用・参考文献】

『コマツ　会社概要　(2018年３月期)』(2019/４/26)
<https://home.komatsu/jp/company/profile/>　閲覧日2019/６/19
『コマツ　経営の基本「コマツウェイ」』
<https://home.komatsu/jp/company/profile/>　閲覧日2019/６/19
『コマツについて　沿革』
<https://home.komatsu/jp/company/history/>　閲覧日2019/６/19
『コマツ　商品・サービス　建設機械・車両：主要商品』
<https://home.komatsu/jp/products/construction-machine/>　閲覧日2019/６/19
『コマツ　サービス/ソリューション』
<http://www.cs.tohoku-gakuin.ac.jp/~otofuji/IoT/KOMATSU01.htm>
閲覧日2019/６/19
『コマツ　スマートコンストラクションのプロセス』
<http://smartconstruction.komatsu/process.html>　閲覧日2019/６/19
『コマツ　コマツについて　生産・販売拠点』
<https://home.komatsu/jp/company/network/>　閲覧日2019/６/19
『コマツ　中期経営計画（2019-2021年度)』(2019/４/26)
<https://home.komatsu/jp/press/2019/management/1202302_1600.html>

閲覧日2019/ 6 /30
大橋徹二（2018）『経営者ならば，技術の目利きであれ』DIAMONDハーバードビジネスレビュー掲載インタビュー　コマツ代表取締役社長兼CEO　Diamond Harvard Business Review January 2018号　82頁～90頁。
榊原清則（1992）『企業ドメインの戦略論』中公新書。
沼上幹（2000）『わかりやすいマーケティング戦略』，有斐閣。
藤川佳則（2014）『コマツ〈KOMTRAX〉とヤマハ〈VOCALOID〉行動観察×ビッグデータで迫る事後創発の実際』DIAMONDハーバードビジネスレビュー掲載論文，一橋大学大学院　2014/ 7 /25。
三輪浩史（2014）『世界中で稼働する建機を遠隔モニタリングするKOMTRAX』コマツICT事業本部 セキュアなITが創る つながる新産業セミナー資料　2014/ 2 /14。
『特集　10年後のグーグルを探せ～世界を変える100社　ケーススタディ　コマツ 収益源を「モノ」から「コト」へ』 週刊日経ビジネス2019年 1 月14日号56頁～60頁。

（鈴木宏幸）

シダックスグループ

第2章　フードサービスから総合サービス企業へ
—ESG企業への道を拓いたビジョン経営—

	本書【ケーススタディの課題】との対応関係	前「テキスト」との対応関係
1　シダックスグループの成長戦略と多角化戦略		
1.1　シダックスグループの会社概要と経営理念 1.2　シダックスグループの歴史的展開とドメインの拡大・成長	2.1　全社戦略と事業・ドメインの定義【課題1】	テキスト　第1章 全社戦略：第1節 全社戦略のフレームワーク，第2節 事業の定義ならびにドメインの定義
1.3　給食事業の創業と日本式カフェテリア方式の開発と普及	2.2　垂直的・水平的関連多角化および非関連多角化【課題2】	テキスト　第1章 全社戦略：第4節 多角化戦略
1.4　大新東グループによるトータルアウトソーシングサービス（TOS）ビジネスの創生	2.3　アライアンス戦略とM&A戦略【課題3】	テキスト　第1章 全社戦略：第7節 アライアンス(戦略的提携)戦略とM&A戦略
1.5　健康創造企業：顧客創造とステークホルダーマネジメント		
1.6　社会課題解決型企業のビジョン	2.1　全社戦略と事業・ドメインの定義【課題1】	テキスト　第1章 全社戦略：第1節 全社戦略のフレームワーク，第2節 事業の定義ならびにドメインの定義
1.7　「健康創造企業」と「社会課題解決型企業」という新しいビジョン		

出所：玉木欽也作成

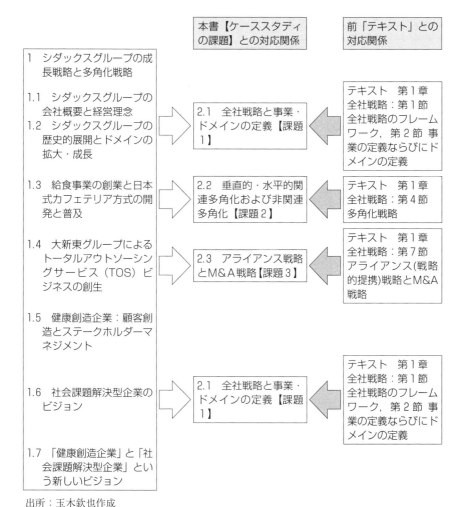

1　シダックスグループの成長戦略と多角化戦略

【ポイント】

シダックスグループのフレームワークを図表２－１に示す。創業者志太勤は，アメリカで生まれた「カフェテリア方式」を基に，日本の食習慣に応じたサービス提供方法や，施設・設備，給仕スタッフの人材育成についてカスタマイズした「日本型カフェテリア方式」を考案し，自社の給食サービス事業に本格導入するとともに，日本全国・業界全体へ普及活動を推進した。

現会長兼社長志太勤一は，食材流通革命を目指した「エス・ロジックス」を創設した。その背景には，食中毒事件が多発する社会問題を解決するために，食品の安全性を確保する管理システムであるHACCP（Hazard Analysis and Critical Control Point）を基軸において，独自の「給食サービスHACCP」を取り入れた食材流通システムを開発した。そしてその成果を，給食業界全体へ普及させることを目指してアライアンス体制を整備した。

シダックスグループが総合サービス事業化による成長戦略を展開する契機となったのが，車両運行管理業務とアウトソーシング業務を手掛けていた大新東グループの買収であった。このことにより，シダックスグループはオンリーワンの武器としてトータルアウトソーシングサービス（TOS）ビジネスを展開することができた。TOSビジネスとは，法人企業，自治体に対して，各種の間接業務を一括して受注することにより，窓口の一本化による事務業務の簡素化，業務の質向上，さらにコストダウンを果たす新たなビジネスモデルである。

1.1　シダックスグループの会社概要と経営理念

1.1.1　シダックスグループの企業概要

社名　　　シダックス株式会社
会社設立　2001年（平成13年）4月2日
代表取締役会長 兼 社長　志太勤一
本社　〒150-0041　東京都渋谷区神南1－12－10
　　　　　　　　　シダックス・カルチャービレッジ
電話：03-5784-8881（代表）
FAX：03-5784-8882
売上高　129,585百万円（2020年3月期）
経常利益　△127百万円（2020年3月期）
純資産額　7,107百万円（2020年3月期）
自己資本比率　18.7%　（2020年3月期）

【事業概要】
シダックスグループは，ほぼ全ての年代，ライフステージ，ビジネスステージで，広域なサービスを手がけ，事業活動を通じて，法人から業務を受託する【B to B事業】，一般の顧客を対象とした【B to C事業】，自治体の業務を受託して行財政改革の支援をする【B to P事業】など，幅広い事業を展開している。

1.1.2　シダックスグループの成長戦略を裏づける経営理念とビジョン

シダックス株式会社の会長兼社長である志太勤一は，前述した【ポイント】で示された現在までのシダックスグループの事業内容に対して，以下のような成長戦略につながるビジョンを描いている。

第1に，人々の健康で幸福な人生を実現するために必要な「運動・栄養・休息・心・美」を満たすあらゆるサービスを行う「健康創造企業」というビジョン

第2に，事業活動を通じて，様々な社会課題を解決し，より良い社会を実現する一助を担う「社会課題解決型企業」というビジョン

シダックスグループではこれらの２つのビジョンを統合し，2019年度から「すべては未来の子どもたちのために」という大義と，新タグライン「人と社会を健康に美しく」を掲げ，新たなステージへの挑戦を始めている。

1.2 シダックスグループの歴史的展開とドメインの拡大・成長

シダックスグループの多角化戦略の特長は，社会サービス業務を主な事業領域として，多様な事業をお互いのシナジー効果を活かしながら組み合わせていることにある。

その契機となったのが，車両運行管理業務と社会サービス業務を手掛けていた大新東グループの買収であった。従来の給食業界とは異なる業界のノウハウを得て，車両運転士の運行管理業務や，自治体からのアウトソーシング業務，TOSビジネスへの新たな市場開拓へとつながった。

1.2.1 シダックスグループの事業組織体制

前述の【事業概要】と関連して図表２－１に，シダックスグループの事業組織体制を示す。

1.2.2 大新東グループの買収による事業領域の拡大

後の「1.4 大新東グループによるトータルアウトソーシングサービス（TOS）ビジネスの創生」（p.42）で詳述するが，大新東グループは主に以下のような２つの事業領域に実績があった。

［１］ 大新東（1962年に創業）の主要ビジネスとしての車両運行管理

［２］ 大新東ヒューマンサービスの学校給食サービス

後者の学校給食サービスは，産業給食を主な事業領域としていたシダックスグループにとっては進出したかった分野であり，これを取得したことで給食サービス産業のフルラインアップ戦略をとれることとなった。

図表2－1　シダックスグループの事業組織体制

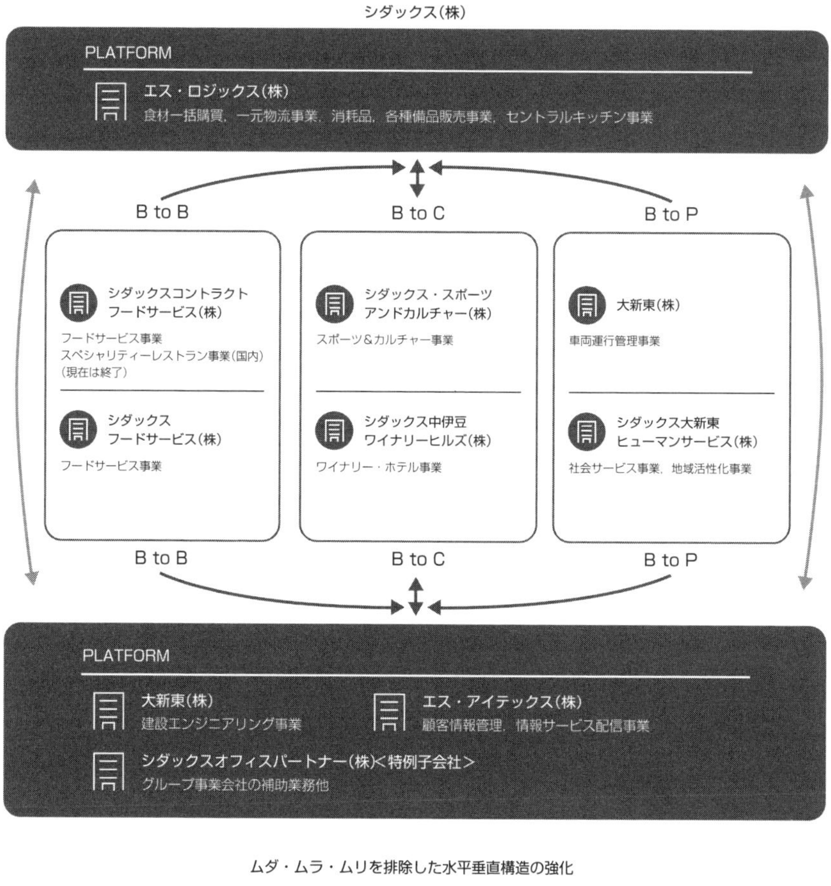

出所：シダックスのホームページから引用

Column

関連多角化における垂直的・水平多角化を融合した
トータルアウトソーシングサービス（TOS）ビジネスの萌芽

TOSビジネスへの新規事業開発は，前テキスト第１章　全社戦略の「４節　多角化戦略」の中でも，「4.2　関連多角化における垂直的多角化ならびに水平的多角化と企業事例」[p.16] に該当している。前者の「垂直的多角化」とは，ある企業が取り扱っている製品ラインのバリューチェーン内に含まれる事業領域の範囲に対して，その垂直的統合度をより拡大しようとすることを意味している。一方，「水平的多角化」とは，既存の製品ラインを手掛けてきたことにより獲得できた技術，知識，ノウハウの蓄積に基づいて，新たな市場ミッションに向けて既存の製品ラインと全く異なる製品分野へ新製品サービスを導入することである。

シダックスグループのTOSビジネスの特色は，双方の多角化戦略が融合して生まれたと思える。顧客側にとって主要業務のバリューチェーンと比較して，間接業務はできるだけアウトソーシングしたいというウォンツがあった（垂直的多角化）。シダックスグループ側としては，給食サービスを提供している顧客のそのような問題に対して，大新東が培ってきた車両運行管理を手始めとした解決策を提供した後で，一括して間接業務を「水平的多角化」のトータルサービスとして請け負うTOSビジネスとして立ち上げることに成功した。

顧客側にとっても，個々の委託事業に対して，それぞれ異なる取引先と契約を結びバラバラに運営管理をするよりも，一括発注をするほうが，経営効率が向上する傾向にある。シダックスグループ側としても，TOSビジネスとして一括して運営管理ができることで，個々の受注業務の採算性の良し悪しを相互に相殺でき，また専従先へ派遣するスタッフも各種の業務をこなす多能工として活用できるメリットが生じる。

1.3　給食事業の創業と日本式カフェテリア方式の開発と普及

1.3.1　日本式カフェテリア方式の給食事業の創業

創業者志太勤がシダックスグループを創設する前の「フジフード」時代に，カフェテリア方式をアメリカで推進していたサガ社の元ラックリン社長の配慮によって以下の４つの項目について技術提携ができたことと，サガ社が２名のスタッフを３ヵ月間にわたって派遣してくれたことが，日本式カフェテリア方式の開発と普及の契機となった。

① 設備設計（レーンの設備デザイン，レイアウト）

② メニュープランニング

③ 勤務スケジュール

④ 事務管理（原価システムおよび材料購入のオペレーションシステム）

1.3.2 日本式カフェテリア方式の開発に向けた問題解決

日本式カフェテリア方式の開発に向けては，いくつかの大きな難題を解決する必要があった。

上記①設備設計について，日本の厨房メーカーにはカフェテリア方式の知識がなかったために，設備やレイアウトの仕様などの全てはフジフード側で決める必要があった。

その後，カフェテリア方式の社員食堂に必要な技術を蓄えたフジフードが，コンペを通して受託できたのが，1974年に竣工した東京都新宿区の高層ビル「新宿住友ビル」の社員食堂である。ビル内で働く6,000人が１時間で食事ができるようにするには，複数レーンを用いたカフェテリア方式を考案する必要があった。新宿住友ビルは三角形の構造形式であったことから，各隅に２ヵ所ずつ，計６本のレーンのカフェテリア方式の社員食堂を作ることにした。食事を置く台も日本人の身長に合わせ，アメリカでの標準的な高さより，10cm低く設定した。

②メニュープランニングについては，食事をする者にとってのカフェテリア方式は，多品種の中から自分の好きなものを選べることになる。さらに，温かいものは温かく（ホットエリア），冷たいものは冷たい状態（コールドエリア）で食べられるのが特長である。アメリカの衛生基準では，コールドは10度以下，ホットは60度以上で提供することが決められていた。この基準を適用したコールド，ホットのメニューの他に，常温の小鉢料理やパン，漬物などの

ノーマルエリアを加えた3つのエリアを1本のレーンの中に作った。これらは業界初の試みであり，当時はフジフードにしかできないものであった。

1.3.3 日本式カフェテリア方式の普及に向けた進化

日本式カフェテリア方式が急拡大し，他のビルからの引き合いが殺到することで起きた問題は，人材不足であった。1種類の定食だけでも，その日の食事数を予想して，準備するには経験が必要になる。それに対して，カフェテリア方式では，何十種類もの料理を組み合わせて，フードロスを出さずにつくり上げるのに，ベテランの経験的なノウハウが必要になる。

カフェテリア方式の出店ラッシュに向けての人材不足の問題解決について，調理師学校の存在が大きく貢献した。創業期を支えたベテラン調理師が，自ら調理する傍ら，経験の浅い他の調理スタッフを指導した。ベテラン調理師たちは，店舗が新規オープンする際にチーフとして厨房に入り，店の運営が軌道に乗ると，別の店舗に移っていった。

カフェテリア方式導入当初のレーン方式も時を経るごとに進化した。このレーン方式だと，自分の取りたいメニューがなくても，前の人がとって進むのを待たないと，前に進めない。そこで，レーンをいくつかに仕切る「アイランド方式」を開発した。これは，和・洋・中の料理をそれぞれのレーンに分け，島のようにあちこちに配置するものであった。アイランド方式はシダックスが開発したもので，後に逆輸入される形式でアメリカでも採用され，世界標準となった。

従来の定食を中心とした社員食堂の場合には，例えば300人のお客様がいれば，同じ料理を一度に300食調理をしなければならないため，大きな調理器具が必要だった。しかし，カフェテリア方式による食事提供の場合は，10種類の料理を出すとなると，1種類は30食で，小さな調理器具で足りることになり，厨房の設備・レイアウトが基本的に異なることになる。

しかもその他のメリットとして，30食程度の調理なら，例えば一般主婦でも慣れれば調理ができ，かつ家庭の味を出すことができるようになった。給食は

Column

レストランカラオケ事業※によるコミュニティづくり

シダックスと聞いて，「カラオケ」を連想する人は多いであろう。このカラオケ事業※は，創業者志太勤が1984年に東京都立川市に，文明開化期の日本をコンセプトにした和風ファミリーレストラン「文明割烹館」の外食レストランを興したものの，その後に経営が挫折したことから生まれたものである。給食は特定多数の顧客ゆえ毎日メニューを変えるが，一方，外食は不特定多数の顧客ゆえにメニューは変えなくてよい。この違いによって，仕入，在庫，技術などの業務内容が全く異なるものであった。

計7店舗に拡大していた文明割烹館の店舗をリニューアルし，1991年にカラオケ実験店「エンターテイメント・ワールド・シダックス小平店」をオープンした。元々和風レストランの店舗だっただけに，給食で培った食材や調理のノウハウが活かせた。それで，レストランカラオケを文化産業とするべく，1993年に事業会社を設立。「きれい・おいしい・うれしい」をコンセプトとして，「家族三代が楽しめるコミュニティ・センター」となることを目指した。

そして1999年にレストランカラオケは，さらなる新たな一手として「シダックスカルチャークラブ」の運営を開始した。地域住民にとって多様な趣味を通じて「集える場」となるよう，ルームを活用したカルチャースクールを開設した。まさに，シダックスが目指した「地域に根ざしたコミュニティ・センター」の誕生であり，レストランカラオケ事業※が文化事業としての地位を確かなものにした出来事であった。

※なお，近年において業界構造が変化してきたことと，自社における経営資源のポートフォリオ・マネジメントの問題によって，2018年に，シダックスグループは，レストランカラオケ事業から撤退することになった。

毎日同じ利用者が食べるケースが多く，家庭料理的なものが求められることも多い。

以上のようにカフェテリア方式によって，厨房設備の大きなコストダウンと，人件費の節約ができるようになった。給食・食堂運営というソフト面と共に，厨房設計・導入というハード面も手掛けたことで，カフェテリア方式による社員食堂の受託はますます増えていった。この厨房設計の事業は，1980年，専門会社の志太キャフトシステム株式会社の設立へと発展していった。

1.4 大新東グループによるトータルアウトソーシングサービス（TOS）ビジネスの創生

1.4.1 買収の契機と大新東グループの主要事業

従来のシダックスグループに大新東グループが加わったことにより，自家用自動車管理業の認可を受けて行われた運転士の運行管理業務や，TOSビジネスなど，フードサービス産業とは異なる業態への提案ができるようになった。

大新東グループは，主に2つの事業領域を取り扱う企業群をもっていた。1つは大新東株式会社（以下，大新東：車両運行管理業務）である。もう一つは，大新東ヒューマンサービス株式会社（現在のシダックス大新東ヒューマンサービス株式会社）であり，施設管理などの公共サービスのアウトソーシングサービスビジネスに従事していた。2007年に，シダックスグループが大新東グループを買収し，2008年に完全子会社とした。

1.4.2 車両運行管理業務

大新東による「車両運行管理業務」とは，民間企業や官公庁，自治体が所有する役員車，およびバス（スクールバス，従業員送迎バス，コミュニティバス）に対して，単に運転士を派遣するだけではなく，その運行から給油，車両管理（点検，メンテナンス），万が一の事故対応（交渉・補償）などを一括して請け負っている。車両運行管理業務の認可を全国で初めて受けて以来，そのシェアは現在もトップを誇っている。

その秘訣の一つに質の高いドライバー教育がある。役員のドライバーには，高い運転技術だけでなく，礼節やおもてなしの精神が必要になる。特に重要になるのが守秘義務で，同社では，「見まい。聞くまい。語るまい。」をモットーに，独自の守秘義務教育を行ってきた。1992年には，自社が中心となって「社団法人日本自家用自動車管理協会(現一般社団法人日本自動車運行管理協会)」を立ち上げ，「運転サービス士」という独自の資格を定めて運用している。

1.4.3　フードサービス事業のシナジー効果

大新東ヒューマンサービスの事業として，学校給食サービス事業も手掛けていた。シダックスグループでは，学校給食サービスの事業領域が手薄だったことから，大新東ヒューマンサービスとして手掛けていた学校給食サービス事業の実績は，事業領域の拡大に有効であった。さらに，TOSビジネスとして学校機関に対する通学バスの運行管理を取り扱う契機となった。

両社によるシナジー効果によって，以下のような事業領域の拡大とTOSビジネスの充実を達成することができた。

(1)　学校・保育所給食：シダックス大新東ヒューマンサービス／シダックスフードサービス

食を通じ，健全な心身と豊かな人間性を育むために，学校機関ごとの仕様に合わせて，給食を児童・生徒の食習慣を形成する教育と捉え，安心・安全を確保した運営をしている。

・受託先：自校式，センター式，保育園・幼稚園

・業務内容：調理業務は，厳密な衛生管理と時間管理をともに必要とする専門性の高い業務内容を，全国規模にわたり任されている。

(2)　施設事業給食：シダックスコントラクトフードサービス／シダックス大新東ヒューマンサービス

食を通じて栄養バランス，安らぎ，トレンドを重視した食事を提供している。食に最も求められる「安心・安全」を実現しつつ健康に配慮して，豊富なメニューを各施設に合わせた食事スタイルで提案している。その基盤として，徹底した衛生研修と現場管理で，食事提供を行っている。

・受託先／給食対象者：企業・寮／社員，大学・学校・学生寮／学生・生

徒・教員，アスリート施設／スポーツ選手・チームスタッフ，保養所／顧客・施設内スタッフ，観光施設／顧客

なお，学校給食および産業給食の差別化戦略としての「楽しい各種のイベントデザイン」があげられる。

① 学校給食に対する顧客サービスの一環として：

・母の日，父の日の特別メニューなど

② 社員食堂に対する顧客サービスの一環として：

・夏祭り，周年祭の特別メニューなど

・就業時間後の飲食サービス（パーティ，ケータリング）など

1.4.4 TOSによる公共サービスとしての顧客創造戦略

「公共サービス」としてのシダックス大新東ヒューマンサービスは，自治体がもつ給食センターや図書館，道の駅，温泉施設，および民間企業から依頼された事務サービスを受託運営している。その後，公共施設や自治体業務の民間委託が進むと，その流れに乗ってTOSビジネスの業績を伸ばしていくことができた。

この事業は，1984年に，車両運行管理業務の受託先から，社内の警備や清掃さらにゴミ収集業務，受付などの業務委託を依頼されたことに端を発している。なお，車両運行管理業務を企業側で取り扱っているのは，総務部または人事部が多く，TOSビジネスへの展開は同様の顧客チャネルから，その他の業務依頼を獲得できたことは留意すべき点である。一方，学校給食の場合にも，それぞれの自治体において教育委員会などの顧客チャネルからも，TOSへの事業化へ展開できた。

給食サービス事業により獲得できた顧客チャネルを，TOSビジネスへ拡大できたことにより，シダックスグループとしての顧客サービスの事業領域が以下のように一挙に拡大することができた。

① 「安心・安全」は，フードサービスと車両運行管理がそれぞれで実績を

Column

学校給食における関連多角化の垂直統合シナジー効果と成功要因

シダックスグループが，大新東グループを買収した理由の根幹は，大新東ヒューマンサービスが，公立の小中学校を対象とした学校給食業務に参入し，すでに実績をもっていたことによる。

従来の学校給食では，食材は各教育委員会が入札で購入し提供していた。メニューも教育委員会所属の栄養士が考案するため，受託した給食会社は労務管理だけを提供するのが全国共通のルールだった。しかし近年，アレルギーをもつ子供が増え，それに関連する事故も多くなってきたことから，品質を担保するために指名入札に変わった。こうした時代背景の中で，シダックスグループが培ってきた「安心・安全」，アレルギー対策，食の安全確保を目的とした給食サービスHACCPなどのノウハウをアピールすると，それを評価する自治体が急激に増えてきた。

大新東ヒューマンサービスでは，道の駅などの施設内で一部の飲食店を運営していた。一方，シダックスグループには当時，イベントやキャンペーンを得意とするレストランカラオケ事業があった。そのノウハウが持ち込まれたことで，公共サービス事業における「サービスの質」は飛躍的に向上した。

ここで関連多角化の垂直統合シナジー効果を引き出せた成功要因を考えてみると，両社の経営理念と組織文化に共通するものがあったことがあげられる。

第1に，公共サービスとして最重要な経営資源の1つといえる「人」を大切にする姿勢である。偶然にも両社とも，「人財」という言葉をつかい，「人を大事にすること」を掲げていた。第2に，シダックスグループは，「社会課題解決型企業」を標榜していたが，大新東グループも，「国家・社会が直面している国民的課題の解決に，民間サイドから貢献する」ということを旗印として掲げていた。

培ってきた。そこで，双方の顧客チャネルを繋げる提案機会を活かしたことで，TOSビジネスとして事業領域を拡大することができた。

② さらに，人手不足や人件費の高騰さらに労務管理の面倒な問題が発生し，

アウトソーシングの業務委託の要望が次々に広がっていくことに対して，業務拡大に柔軟に対応してきた（清掃，警備，・・・）。

③　学校給食から教育委員会，さらに地方自治体チャネルへの拡大

④　産業給食から企業の人事・総務・福利厚生の担当者チャネルへの拡大

これらのことは，一度つながった顧客チャネルの業務内容によって，信頼関係とブランドロイヤリティを築けた場合には，顧客のその他の問題に柔軟に対応できる組織体制や経営資源を手当できれば，新たな「顧客創造戦略」の展開につなげられることを示唆しており，大変参考になる実践事例であることを銘記しておきたい。

1.4.5　TOSビジネスの概念と顧客価値の提供

(1)　TOSビジネスの概念

法人，自治体向けの幅広いサービスをワンストップで一括受託することで，各サービスをお客様の課題に合わせて最適化し，効率的・高品質なソリューションを提供できるのが「トータルアウトソーシングサービス（TOS)」といえる。

シダックスグループのTOSビジネスは，給食サービスの提供に始まり，快適な車両運行管理サービス，公共施設の運営管理など，公共サービスの中で間接業務のアウトソーシング化のニーズに応えられるよう幅広いサービスを提供している。

①　法人におけるTOSビジネス内容：社員食堂，社内に売店運営，役員車の運行管理，清掃など

②　教育機関におけるTOSビジネス内容：学校給食サービス，学校事務や図書館事務，校内における売店運営，スクールバスの運行管理，校内における警備・施設管理・用務管理や清掃・ゴミ収集，子育て支援など

③　自治体におけるTOSビジネス内容：図書館，コミュニティセンター，道の駅・浴場など公共施設の受付・運営管理・警備・清掃，コミュニティバスの運行管理など

(2) TOSビジネスが提供する顧客価値およびスタッフ共有化のメリット

TOSを受ける側の「顧客価値」として，間接業務を複数の業者に分散して委託するのではなく，シダックスグループに窓口を一本化できるので，複数業者に対して行っていた管理や事務処理の効率化が図れるとともに，情報の行き違いや重複などの無駄を削減，対応力や意思決定スピードの向上につながることがあげられる。

一方，顧客の施設内でサービスを受けるエンドユーザー側の「顧客価値」として，質の高い「安心・安全」を感じてもらうことができるということがあげられる。例えば，エンドユーザーの顧客行動に対する深い理解をもったスタッフ社員が，スクールバスの運行や学校内清掃などの複数業務を担当するといったモデルである（図表２－２参照）。また，スタッフ社員同士が連携する事例として，同じ施設内で業務間のノウハウを共有し，サービスレベルを高く保つ配慮をしている。さらに，複数の業務を一括で受諾することで，スタッフやノウハウを共有し，サービスの効率化・高品質化を図ることが実現できている。

図表２－２　複数業務を一括受諾することによるTOSビジネスの効率化モデル

トータルアウトソーシングによるサービスの効率化

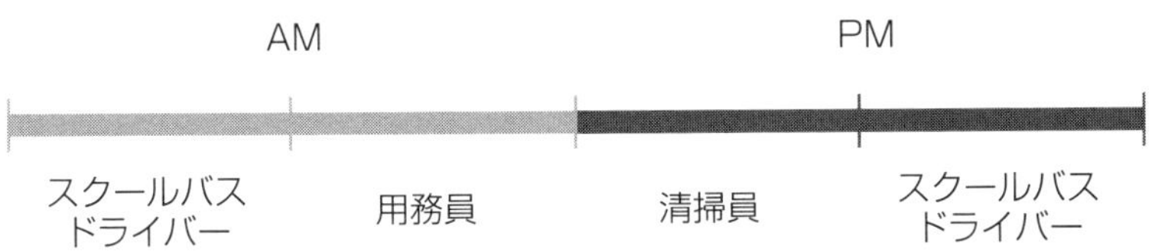

スタッフを共有することで，サービスの効率化を図ります。

出所：シダックスのホームページから引用

1.5　健康創造企業：顧客創造とステークホルダーマネジメント

1959年に，創業者志太勤が立ち上げた給食事業，その後施設内で売店・コンビニを運営する施設内売店事業（現在は終了）は，法人企業を相手にする「B to B」のビジネスだった。そして，現在は終了しているが，レストランカラオケ事業，スペシャリティーレストラン事業で，一般消費者を対象とする「B to C」分野に進出した。また，大新東グループが加わったことにより，自治体（Public）を対象とする公共サービスとして「B to P」を手掛けるに至り，シダックスグループはサービス業の多くの「ドメイン（事業領域）」をカバーするようになった。

これらのように，シダックスグループとして広域なドメインをカバーするようになってきた頃から，現社長志太勤一は「トータルアウトソーシングサービス（TOS）」という用語を積極的に使い始めたといわれている。大新東グループが，以前から掲げていた経営方針として，車両運行管理業務事業に関連して「トータルアウトソーシング」が掲げられていたが，それに「サービス」という言葉を付け加えて，顧客メリットを明らかにした。

その一方で，シダックスグループが広域なドメインを担うようになったことで，志太勤一は，「サービス業の質を維持して向上させる根幹は『人』，つまり様々な職種で携わっているグループの社員たちである。だから，社員を束ねる中心概念が必要不可欠」と考えた。そして，「中心」に据える概念は，社員はもちろん，顧客や株主，社会に通用する価値観を備えている必要があった。そこで，シダックスグループの「中心」に据える企業アイデンティーに，2013年度の企業ビジョンとして『健康創造企業』が発表された。

1.5.1 『健康創造企業』の新ドメインの境界設定

シダックスの社業のルーツは『食』である。食の世界を真剣に突き詰めていけば，お客様（エンドユーザー）の『命』を見つめることになる。その命を最高に輝かせるためには，やはり身体が『健康』なのが一番であり，それは『運動・栄養・休息・心・美』といとう５つの要素がバランス良く保たれることによってつくられる。

それらの事業領域のうち，「栄養」はルーツである給食を始め様々なフードサービス事業によって，「休息」はレストランカラオケ事業（現在は終了）によって，それぞれ既にサービス提供を行っていた。しかし，「運動」や「心」そして「美」は，新たなサービス事業として立ち上げていく必要があった。

1.5.2　運動・心・美を満たす新サービス事業の開拓

⑴　「運動」と「心」の事業領域：シダックス・スポーツカルチャー

「運動」と「心」の事業領域をカバーする「シダックス・スポーツカルチャー」が2012年に設立された。現在の本社（東京都渋谷区）が入居する施設を「シダックス・カルチャービレッジ」と名づけ，ビル内の数フロアーには，一流アスリートの指導経験をもつトレーナー陣を配したフィットネスジムと，そして渋谷という文化集積地ならではのプレミアムな講座群を揃えた「カルチャーワークス」をオープンした。

さらに，2014年から，その「カルチャーワークス」のフィットネス部門の全国普及版として，サーキットトレーニングを主軸とした女性専用のフィットネススタジオ「VIGROS」をオープンした（現在は終了）。

1.6　社会課題解決型企業のビジョン

志太勤一が，持株会社となったシダックス株式会社の社長に就任した翌年の2002年に，新たなビジョンとして「社会課題解決型企業」を提唱した。

2007年に，大新東グループがシダックスグループに加わった際に，初めて社長がそれらの社員と対面する時に以下のような訓話をしている。「世の中には悲惨な事件，事故がある。人々の心が荒み，病んでいる。その心をサービス業として，どう安らげるか。それが我々の使命であり，それが『社会課題解決型企業』を目指す理由なのです。」

「他者の利益，消費者の利益を広く考えられる企業が，これからのビジネスの主役になってくるだろう。要するに，一企業の枠の中だけでなく，社会全体としての役割まで考えられる企業かどうか，ということである。社会に還元できる企業が，『社会課題解決型企業』である。」

1.6.1　社会課題解決型企業の事例研究(1)：食の流通革命を目指したエス・ロジックス

社会的に解決すべき問題は，給食業界の中にもあった。その一つが，前述したように食中毒事件に代表される食の「安心・安全」に関するものである。そこで2000年に，シダックスフードサービスと国分が共同開発した新しい物流システム「エスロジックス事業」が本格的に始動した。これは埼玉県所沢市に国分が新設した物流センターを拠点に，給食向け約1,600種類の食材を，関東のシダックスフードサービスの各店舗へ配送する仕組みである。

翌2001年には，このエスロジックス事業を専門に行う「エス・ロジックス」が設立された。2003年には，国分と共に，北海道から九州までの一元食材物流網が，ピッキングセンターを併設した物流拠点として確立された。

このシステムの最大の特長は，仕入先を一元化し，一括して仕入れることができ，一社で全国への配送を統一化したことで，その結果材料費の大幅なコストダウンが可能になったことである。配送時には，「冷凍」「チルド」「常温」の３温帯を，一台のトラックで混載して運べる物流システムを構築したことで，物流コストも大幅に削減された。

給食店舗・施設においては，独自の「給食サービスHACCP」を策定し，食中毒の３原則である「清潔」「迅速」「加熱」に基づいた厳しい管理基準を，食材，物流，調理の各工程で遵守している。この給食サービスHACCPは，食の安全性の確保に貢献している。

さらに近年，ICT（情報通信技術）化によって卸売などの中間業者を飛ばして，小売業者や一般消費者と直接取引をする「中抜き現象」が活発化したことが後押しになり，エス・ロジックスの食材流通革命が一層促進された。

1.6.2　社会課題解決型企業の事例研究⑵：給食業界のアライアンス

しかし，エス・ロジックスの一社だけが食の「安心・安全」を実現できたとしても，同業他社がそれを実現できなければ，世間から給食業界に対する信頼は失墜し，業界としてダメージを負ってしまう。志太勤一自らが同業他社に呼びかけ，2003年にFunsAP（Food purchasing Union Network System for Alliance Partners）を設立した。各社は，日常のビジネスでは当然ライバル同士であったが，「自社の都合でなく，給食業界のために。食中毒などの社会問題を解決するため」と，「食材調達のスケールメリット」として，FunsAP設立の大義が掲げられた。

アライアンスを結ぶ実質的なメリットとして，共同購買を増やせれば，食材メーカーに対する交渉力と発言権を高めることができ，メーカーに対して「安心・安全」を担保することも求めることが可能になる。さらに，大量購入によるコストダウンという実質的な実益を，アライアンスに参加した各社が同様の条件で得られることをアピールポイントとして唱えた。

1.7　「健康創造企業」と「社会課題解決型企業」という新しいビジョン

人々の健康で幸福を実現するために必要な『運動・栄養・休息・心・美』を満たすサービスを行う「健康創造企業」という企業ビジョンがあった。また，事業活動を通じて，様々な社会問題を解決したい，より良い社会を実現するための一助になりたいと願う「社会課題解決型企業」というビジョンがあった。

シダックスグループではこの２つのビジョンを統合し，2019年度より新タグライン「人と社会を健康に美しく」と一新した。これは事業活動を通じて何を行うのか，自らの事業の意味と価値を示すものである。

またグループの「大義：変わることなく継承していく価値観」を，「すべては未来の子どもたちのために」と定めた。これは，人類の黄金律であり，総合サービス企業となり，さまざまな異なる業務に就く全社員が共有してもつことができる「志」である。

企業は持続可能な発展を実現しなければならない。「健康創造」と「社会課題解決」を，事業を通じて実現して，未来の子どもたちへ健全で美しい社会を届けようという，シダックスグループの意志を示している。

2　シダックスグループのケーススタディ

See テキスト 第１章　第１・２節

2.1　ケーススタディの課題１

2.1.1　全社戦略と事業・ドメインの定義

本書本章の「1.2　シダックスグループの歴史的展開とドメインの拡大・成長」（p.36）において，図表２－１にシダックスグループの事業概要と組織体制を示した。

2.1.2(1)　テキスト「図表１－１　経営戦略における全社戦略，事業戦略，機能別戦略の関係性」［p.2］に示したように，戦略事業単位（SBU：Strategic Business Unit）を縦軸として，機能別事業単位（OBU：Operational Business Unit）を横軸としたマトリクスの形式に対応させて，本書本章の「図表２－１　シダックスグループの事業組織体制」（p.37）を表記しなさい。そして，そのマトリクスの縦横が交わる各項目内に，それぞれの事業内容のポイントをキーワードで示しなさい。

2.1.2(2)　健康創造企業および社会課題解決型企業に向けた新たな事業領域を，前記で作成したマトリクスに追記して表現するとともに，各項目内にそれぞれの新たな事業内容のポイントをキーワードで記述しなさい。

See テキスト 第１章　第４節

2.2　ケーススタディの課題２

2.2.1　垂直的・水平的関連多角化および非関連多角化

大新東グループの買収による事業実績と経営資源やノウハウを活かして，シダックスグループとして進出したい学校給食をカバーできたことが契機になり，給食サービス事業のフルラインアップ戦略体制の整備が進み，その他のサービス事業への展開が生まれた。さらに，両社によるシナジー効果によって，TOSビジネスの創生と拡大を達成することができた。

2.2.2(1)　①教育機関，②法人企業，③自治体のそれぞれに対して，給食サービス事業へ参入していたことにより，

［1］どのような顧客チャネルを活かして，

［2］TOSビジネスの中でどのような業務へ，

［3］垂直的多角化または水平的多角化をどのように果たせたのか，についてそれぞれ考察しなさい。

2.2.2(2)　食材流通を担う「エス・ロジックス」のどのような技術やノウハウが，シダックスグループのフードサービスの「安心・安全」に対してどのような貢献をもたらしたのかを説明しなさい。

2.2.2(3)　「複数事業間での多角化による共通化とシナジー効果」について，上記の①・②・③の既存の給食サービス事業が，新たなTOSビジネスへ発展したことによって，

［1］既存の事業が新規事業に貢献したこと，

［2］新規事業が既存事業に貢献したこと，についてそれぞれ考察しなさい。

2.2.2(4)　現在受託している各種のTOSビジネスは，現状ではどのような業態や業種の業務内容を受託しているのか。

［1］現状で行われている各種のTOSビジネスの制約や限界を事業領域や業務内容の観点から推測しなさい。

［2］あなたが経営者の立場に立ったことを想定して，将来，それらの制約や限界を外して，どのようにTOSビジネスを発展させるべきか，根拠となる資料やデータを調査したうえで，新たなビジネスプランを提案しなさい。

2.3 ケーススタディの課題３

See テキスト 第１章 第７節

2.3.1 アライアンス戦略とM&A戦略

シダックスグループが，大新東グループを買収した背景には，大新東ヒューマンサービスが，公立の小中学校を対象とした学校給食業務に参入し，すでに実績をもっていたことにあった。さらに，大新東が，車両運行管理業務の実績をもっていたことがTOSビジネスを創生することにつながった。

2.3.2⑴ 前記の買収は，アライアンス戦略とM&A戦略の中で，具体的にはどのような形態になるのか示しなさい（テキスト「図表１-10　企業間結合におけるアライアンスとM&Aに包含される形態」［p.35］がヒントになる）。

2.3.2⑵ 買収することによって他社の経営資源を支配することは，メリットのみならず，ビジネスリスクをともなうことがある。そこで，

［１］両社の経営統合が成功した理由を経営理念や組織文化の類似性の観点，

［２］成功に導けた背景として，両社のサービス業種との類似性や，経営資源の類似性の観点，からそれぞれ考察しなさい。

【取材協力の謝辞】

シダックス株式会社

【参考文献】

シダックス社史編纂委員会『志魂の道／シダックス55年史』シダックス総合研究所出版，2015年

（玉木欽也）

第3章 各テナントへプラットフォーム・サービス支援によるオムニチャネル

—ICT・デジタル技術を活用した「デジタルSCプラットフォーム戦略」—

1 パルコグループが実現する外部経営環境分析	本書【ケーススタディの課題】との対応関係	前「テキスト」との対応関係
1.1 パルコグループの会社概要と経営理念 1.2 パルコグループの歴史的展開と事業領域、新規事業の位置づけ 1.3 パルコグループの百貨店業界に対する違いとショッピングセンター（SC）業界における特色	2.1 外部経営環境分析における顧客分析【課題1】	テキスト 第2章 外部経営環境分析：第2節 顧客分析
1.4 パルコグループにおける「デジタルマーケティング」の主要業務と役割 1.5 「SCコンシェルジュ」プラットフォーム・サービスを基盤とした各テナントに対するオムニチャネル支援 1.6 デジタルマーケティングに向けたパルコ流「デジタルSCプラットフォーム戦略」	2.2 外部経営環境分析における環境分析【課題2】	テキスト 第2章 外部経営環境分析：第5節 環境分析
1.7 最先端技術を活用したショッピングセンターの接客サービスの革新 1.8 ショッピングセンターからセレンディピティセンターへの未来デザイン	2.3 ビジネスモデル・イノベーションにおける「ICTビジネス革新に向けたビジネスモデルの各種タイプ」オムニチャネル【課題3】	テキスト 第5章 ビジネスモデル・イノベーション：第6節 ICTビジネス革新に向けたビジネスモデルの各種タイプ

出所：玉木欽也作成

1　パルコグループが実現する外部経営環境分析

【ポイント】

パルコグループは，テナントとの出店契約に基づいて，宣伝などの営業・販促活動を担当している。顧客からの売上はテナントから売上預託としてパルコに収納され，一定期間経過後に歩合高などを控除し，テナントに支払われる。歩合高は基準売上を設定し，さらに一定額以上の売上部分について歩率が軽減される逓減制を適用する場合もある。基準売上の設定は売上不振時のリスクヘッジとなり，また逓減制は営業努力によりテナントの売上が拡大すると，テナントの歩率は低下し，パルコの収受する歩合高の絶対額は増加するなど，お互いがメリットを享受できる構造となっている。

パルコグループが行った外部経営環境分析の特色は，ショッピングセンター（SC）側が各テナントに対して，プラットフォーム・サービス環境を整えて，個々のSCが独自にオムニチャネルによる事業展開を支援し，パルコグループ側では各テナントを利用する顧客会員番号IDに基づいた顧客情報の収集・蓄積・分析のPDCAサイクルをダイナミックに回して，新たな顧客分析とデジタルマーケティング戦略のスタイルを確立したことにある。そのために，パルコグループでは「デジタルマーケティング戦略」のビジネスモデル・イノベーションを中核として，デジタルマーケティングに向けたパルコ流「デジタルSCプラットフォーム戦略」をとった。

将来に向けて，SC業界の業態変革をリードするショッピングセンターからソーシャルセンター，さらにはセレンディピティセンター（偶然の出会いによる幸福感を体験できるセンター，Serendipity Center）への未来デザインの指針が提言されている（p.76参照）。

1.1　パルコグループの会社概要と経営理念

1.1.1　パルコグループの会社概要

社名：　　株式会社パルコ
会社設立：1953年２月13日
代表執行役社長：牧山浩三
本社：東京都豊島区南池袋１－28－２
連結営業収益：889億63百万円（2019年度）
グループ企業：
　株式会社ヌーヴ・エイ（専門店事業）
　株式会社パルコスペースシステムズ（総合空間事業）
　株式会社パルコデジタルマーケティング（デジタルマーケティング事業）
　PARCO（Singapore）Pte Ltd.（東南アジアショッピングセンター開発）

【事業概要】
　商業施設の開発・運営を行うショッピングセンター（SC）事業，専門店事業，総合空間事業，その他の事業の４つのセグメントで展開。

1.1.2　パルコグループの経営理念

『訪れる人々を楽しませ，テナントを成功に導く。
先見的，独創的，かつホスピタリティあふれる商業空間の創造』

私たちは，経営理念を現実のものとしていくことによって，お客さまやテナント，株主など皆様に満足していただける価値を創造し，提供していくことを望み，その活動の成果として，適正な利潤を得ることにより企業として発展・成長していくことを目指しています。

1.2　パルコグループの歴史的展開と事業領域，新規事業の位置づけ

パルコグループの主な事業領域は，パルコのSC事業とエンタテインメント事業を取り扱うとともに，関連企業の統括機能を担っている。全国に，ショッピングセンター「PARCO」を17店舗（※19年２月末現在）を展開している。また，パルコの組織に，「デジタル推進部／CRM推進部」がある（図表３－１参照）。

そもそも，「PARCO」はイタリア語で「公園」を意味しており，人々が集い，時間と空間を共有し，楽しんだりくつろいだりする場（空間）が，ショッピングセンター「PARCO」である。PARCOの主役は，その場（空間）に集う人々（すなわち顧客）と，PARCOに入居するテナント（専門店）といえる。

関連会社の1つでデジタルマーケティング事業を担う「株式会社パルコデジタルマーケティング」は，パルコの100％の出資を受けて，2000年4月に設立（※当時は株式会社パルコ・シティ，2017年3月に現社名に変更）された。当社は，全グループ向けのWebサイトのプラットフォームを運営管理するとともに，全国においてそれぞれのSCに入居している各テナントに対して，Webサイトの構築・運営をはじめブログ投稿の活性化や，ソーシャルメディア（SNS）の活用支援，CRM（Customer Relationship Management，顧客関係管理または顧客情報管理），スマートフォン向けアプリケーションソフトの開発，デジタルサイネージまで，幅広いソリューションをオーダーメイドで提供している。

SC事業における「デジタル推進部とCRM推進部」が戦略・企画・統括を行い，「パルコデジタルマーケティング」が実践・運営管理を担い，他のSC事業者に対して差別化を図る，リアル店舗とプラットフォーム・ECサービスとのオムニチャネルで実現する「パルコグループ流のデジタル戦略」を図表3－1のように推進している。

1.2.1 『「パルコ流」デジタル戦略』の事業展開の経緯

(1) パルコデジタルマーケティング（Webコンサルティング事業）

① 各テナントでショップブログ記事の発信・参照＋アンケート機能

・オンラインストアー機能＋PARCOカードの決済機能

・イベント・キャンペーン広告＋ポイント付与機能

② プッシュ・コミュニケーション機能

(2) ショップブログ

・カエルパルコ（※2018年11月「PARCO ONLINE STORE」に改称）スタート

図表3－1　パルコグループの組織図

出所：パルコ　コーポレートサイト（閲覧2019年2月）

・各テナントでEC（Electronic Commerce，電子商取引）サイト機能の実現支援，ブログ記事に対して商品取り置きのカート機能を付加

(3)　プラットフォーム・サービスとしてパルコ公式スマートフォンアプリ

「POCKET PARCO」により，各テナントでのリアルな顧客接点に加えて，オンラインの顧客接点の増加を実現した。さらに，それぞれの顧客ID（会員番号ID）に紐づけた顧客行動情報および購買行動情報に関するビックデータ解析に基づいて，Plan-Do-See-Actサイクルのデジタルマーケティングを推進している。

1.2.2　ショッピングセンター事業の実績

2019年2月末現在，全国にPARCO 17店舗，出店テナント数2,035店（※短期契約テナント除く），「POCKET PARCO」104万ダウンロードを実現している。

1.3 パルコグループの百貨店業界に対する違いとSC業界における特色

1.3.1 「百貨店」対「ショッピングセンター（SC）」

・百貨店は，テナントショップを入居させている以外の売り場に関しては，原則として百貨店と雇用関係がある従業員によって運営されている。

・SC事業者は，ショッピングセンターの建屋（SCの［商業施設］または館［ヤカタ］と呼んでいる）には自社資産と借用の建屋があり，その建屋内に出店してもらうテナントのジャンルを考慮した選定と，全体的な運営管理が主業務である（図表3－2参照）。したがって，SC事業者は，販売に従事する従業員を雇用しておらず，従来は，原則としてそれぞれのテナントから購入している顧客データを把握することはできなかった。

図表3－2 SCとテナントおよび顧客との相互関係

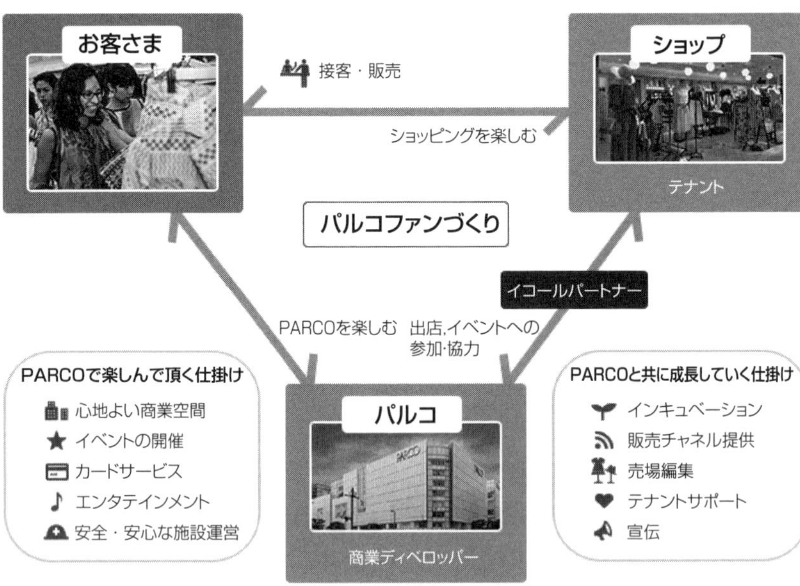

出所：㈱パルコ　コーポレートサイト（閲覧2019年2月）

⑴　従来のSCのビジネスモデルと各SCのタイプ

それぞれの地域で操業するSCの従来のビジネスモデルは，その地域特性にふさわしいテナント企業を選択し，店舗区画を賃貸することに対して，出店するテナントからは固定家賃と営業料を徴収するのが一般的であった。

SC側では，通常の営業時にはテナント企業と役割分担し，それぞれのテナントの小売（リテイル）領域には立ち入らないことにしていた。

現在，SCは全国に3,200を超えるといわれており，各SCのタイプとしては様々なものがある。例えば，小売の業態をシフトしたSC，不動産開発系のSC，電鉄系のSC，百貨店から業態シフトしたSC，独立系のSCなどである。

⑵　従来のSCのビジネスモデルの低迷とその社会的背景

最近，SC業態が低迷してきたがその社会的背景として，リアル店舗が乱立して多すぎるとともに，ECサイトも無数出店するようになってきたことがあげられる。したがって，顧客の消費行動の変化として，店舗に足を運び，店舗で購入する価値が低下してきたのである。さらに，ファッションを中心とする物販全般を品揃えしているSCは低トレンドとなってきたこともある。

次に，顧客側が情報収集する技術が劇的に進化したこととして，ECサイトのプラットフォーム・サービスの多数台頭に加えて，スマートフォンの活用，さらにSNSの活用があげられる。

⑶　鉄道系のSCに対して，パルコグループのSCの特色

東急や西武などの鉄道系SCやLUMINEに関して言えば，それらのSCの建屋は，駅ビルや駅近に出店されることが多いため，公共交通サービスを日々利用する顧客をターゲットとしていることが多く，それらに対応できる販売・営業戦略がとられていることがあげられる。

一方，パルコグループに関しては，駅立地だけでなく各都市部の中心地にも出店している。したがって，それぞれの都市の特性を考慮した上で，多彩な業態のテナントを組み合わせたライフスタイルの提案，さらに来店を促すイベン

トやキャンペーンを企画・運営して，話題性やブランディングを心がけている。

⑷　SCのオムニチャネルへの進化

従来のSCのビジネスモデルは，各地域特性をもった顧客のニーズを把握して，それぞれのSCに相応しい店舗区画のゾーニングやテナントミックスを考慮しながら，固定家賃ならびに営業料の増収を図っていくのが一般的であった。

一方，これからのSCは，顧客を単なる「クラスタ・集合体」としてとらえるのではなく，それぞれの「個客」の購買行動と購買履歴を把握して，それぞれの顧客の属性と嗜好を深く知り，リアル店舗とECサイトを融合した「オムニチャネル」を通じてコミュニケーションしていくことが求められている。

そのためには，SCに入居している各テナントの商品サービスの品種や在庫の情報を，SC側でも把握して，それらを必要としている「個客」を探索し，好みの商品をリコメンドしていくことが求められている。

1.4　パルコグループにおける「デジタルマーケティング」の主要業務と役割

パルコデジタルマーケティング社の主要業務を以下に示す。

⑴　パルコをはじめとするSC・商業施設および小売企業のWebやアプリの構築・運営支援，ECサイト構築・運営支援，各種コンサルティング

⑵　Webの更新やショップブログ・テナントコミュニケーションの機能を有したWebの統合パッケージ「SCコンシェルジュ」の提供

⑶　デジタルサイネージやWi-Fi，店頭のデジタル・ICTなどの活用支援

従来のSCでは顧客購買行動データは少なかったが，近年，前記1.2.1の主要業務によって，各テナント側が発信するブログコンテンツ，商品品目や在庫の情報，顧客情報およびCRM情報など，多くの情報をSC側でも把握できるようになってきた（図表３－３参照）。

その背景には，前述したように従来のSCのビジネスモデルは，各テナントに対して入居面積や建屋レイアウトの位置に応じた，入居賃料が主な収益であった。しかし，パルコグループのSCのビジネスモデルは，特に各テナントの売上が向上するためにSC側としてどのようなサービスを提供するのかを考え，最終的に，それぞれの売上に対して予め契約で締結したテナント売上と連動するマージンで，SC事業者としての目標収益を達成できるかが決まってくる。

1.4.1　Webプラットフォーム・サービスと，各テナントに対するWeb構築支援

全国に展開しているSCの商業施設，さらにそれぞれのSCに入居している各テナントに対して，Webプラットフォームを構築しサービス提供している。このプラットフォームの一つを構成するPARCO店舗サイトに，各テナント独自で，ショップブログ記事を投稿できるようにした。

パルコが企画・開催している研修を受講することで，各テナントに所属するテナントスタッフ側が，新商品情報や，セール情報，コーディネートや接客情

図表3－3　従来と現在を比較したSC側が把握できる収集情報と取得手段

	以前のビジネスモデル	現在のビジネスモデル
テナントの店頭情報	持っていない	ショップブログ／SNS
商品データ／在庫データ	持っていない	EC「PARCO ONLINE STORE」／テナントデータなどとの連携
顧客基盤，顧客データ	ハウスカードのみ，自前の基盤とは言えない	公式アプリ「POCKET PARCO」
購買情報	ハウスカード利用の購買情報	同上
顧客行動データ	持っていない	「POCKET PARCO」／店頭ICT
CRM	ハウスカード会員を対象にDMなどで実施	「POCKET PARCO」など

出所：パルコデジタルマーケティングからの提供資料

報などのブログ記事を発信および顧客とのネットコミュニケーションをできるようになった。以上により，来店前にインターネットを介して接客を実現できるようになってきた。

1.4.2 アプリケーションソフト開発と，プラットフォーム・サービスの導入，さらに各テナントに対するECコンサルティング

パルコは，各テナントがECサービスを独自に実現できるように，前述のプラットフォーム・サービス上に「カエルパルコ」のEC機能の開発や，その運用管理をはじめた。そして，顧客側のスマートフォンで，そのEC機能を活用できるアプリケーションソフトとして「POCKET PARCO」を開発・運用管理できるようにした。先の図表3－3に示したように，各テナントのショップブログと連動させることにより，各テナント独自でそれぞれの顧客に対して，ECサービスを実現できるようになった。

各テナントのそれぞれの顧客にとっては，自分の購入したい商品サービスを，ECサービスを通じてサイト上の「ショッピング　カート」に入れて購入予約をした後に，店頭で取置きもできるし，自宅への配送も依頼できるようになった。

1.4.3 SC・商業施設のICT活用支援

PARCOの館内の全フロア内では，Wi-Fi環境を整備して，来店している顧客が無料で利用できるインターネット通信環境を整備している。その際，それぞれの顧客が各テナント内で購買行動をする際に，アプリケーションソフトを使用しながら購入することを誘導する様々な特典を用意している。例えば，アプリケーションソフトを利用して，ブログの記事をお気に入り登録してくれた場合や，来店した場合，購入後のショップ評価をした場合には，「コイン」を付与する特典を設けている。

一方，SC側からアプリケーションソフトを利用して，それぞれの購買行動プロセスを把握する狙いは，それぞれの「会員番号ID」に紐づけて，各テナ

ントでの販売・売上情報を把握することができるようになることである。このように会員番号IDに関連させて，テナントごとに日々の売上情報をSC側で収集・蓄積・解析し，各テナントの営業実績を把握することができるようになるので，個々のテナントに対する改善・支援策に結びつけられる。

最近，インバウンドの訪日外国人向けにWi-Fi環境を利用したサービスとして，Japan Connected-Free Wi-Fiや，TRAVEL JAPAN Wi-Fiを介し，外部ネットワークへ接続することも積極的に行っている。

1.5　「SCコンシェルジュ」プラットフォーム・サービスを基盤とした各テナントに対するオムニチャネル支援

パルコグループは，全国のSCに入居している個々のテナントが独自にオムニチャネル戦略を実践できるようにサポート体制をとっている。

1.5.1　テナントごとに「ECサイト」が運営できる「店頭EC」プラットフォーム・サービス

前述したようにパルコグループでは，各テナントが新商品の広告を積極的にブログ記事に投稿することによって，その記事に魅力を感じたターゲット顧客が「カエルパルコ」を活用して，そのテナントの店頭におけるその商品の在庫情報を確認したうえで，テナントごとに「ECサイト」で購入できるようにした。なお，その顧客に向けての購入商品の発送は，一部の店舗においては，パルコ側がそれぞれのテナントから集荷した商品在庫を配送する業務を代行している。

以上の情報基盤の整備として，各テナントが「ECサイト」を構築・運営できるように，パルコグループは2014年から全国のSCに対して「店頭EC」のプラットフォーム・サービスの基盤を整備した（図表3－4参照）。

1.5.2　各テナント（リアル店舗）への来店・購入の促進

顧客が各テナント（リアル店舗）への来店購入時に利用できる「PARCO

カード」を発行し，対象者には期間を限定して購入額に対する５％還元の特典を設計した（※2019年秋より，従来の５％還元の特典から，年間の購買金額に応じて特典が変動する「PARCOポイント」と呼ばれるポイントプログラムに移行)。

そして，ECサイト「カエルパルコ」を利用して購入した場合にも，来店時の購入と同じ特典としてPARCOカード利用時の５％還元を実施した。さらに，オムニチャネルの実現として，リアル店舗での「PARCOカード」での購入情報と，ECサイト「カエルパルコ」での購入情報を連動させている。

例えば，顧客は「ECサイト」では，魅力を感じた商品の予約だけをしておき，店舗に実際に来てから，店員に相談しつつ，試用・試着をした上で，本当に気にいった最終商品を購入することもできる。このように，リアル店舗への来店・購入の促進にもつながり，各テナントではオムニチャネル戦略を向上していくことができる環境が整えられている。

図表３－４　「店頭EC」プラットフォーム・サービスのテナント支援

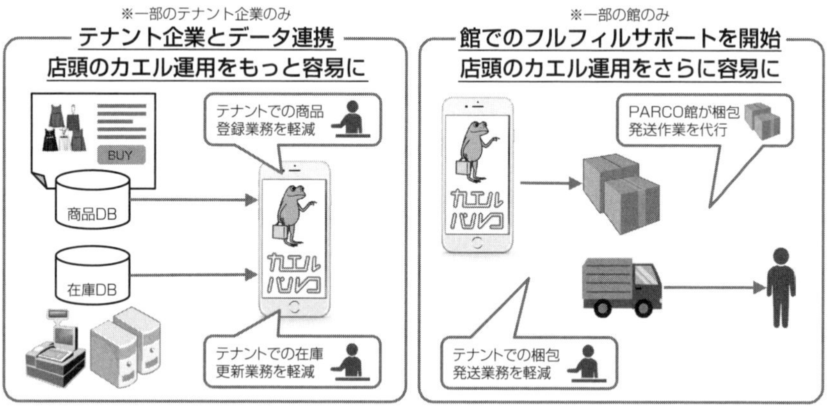

出所：パルコデジタルマーケティングからの提供資料

1.6　デジタルマーケティングに向けたパルコ流「デジタルSCプラットフォーム戦略」

最近，オムニチャネルの次の潮流として，「チャネルシフト」ということが叫ばれるようになってきた。例えば，EC専業事業者は，オンラインを起点に顧客理解のためのデータ獲得のタッチポイント（顧客接点）を拡張して，オフラインのリアル店舗やサービスへと販売チャネルをもち，顧客とのタッチポイントの接点を広げている。

パルコグループも，前述してきたように2013年からオムニチャネルの取組みを本格化させ，パルコ流「デジタルSCプラットフォーム戦略」を，図表3－5で示したように展開している。

繰り返して言うと，全国のPARCOのWebサイトに出店している各テナントが自ら情報を発信する「ショップブログ」の導入を皮切りに，同ブログに商品購入機能を付与して，店頭での取り置き注文もできる「カエルパルコ」を展開してきた。2015年にはスマートフォン向けのアプリケーションソフト「POCKET PARCO」を，全店舗でリリースした。

このプラットフォーム・サービスを介して利用する「POCKET PARCO」は，それぞれの顧客が携帯しているスマートフォンのGPS機能と連動して使用する

図表3－5　チャネルシフトを目指したデジタルSCプラットフォーム戦略

これまで持ちえなかった情報・データも
デジタル・ICTによって取得できる

ネット／リアルでそれぞれ分断されていた
すべての顧客接点を，デジタル・ICTで繋ぐ

EC・デジタルマーケティングのノウハウが
「リアルの場＝店頭」へ浸透

ネット～リアルを融合・駆使した
「新たな顧客体験」を作り出す

出所：パルコデジタルマーケティングからの提供資料

ことによって，来店前・来店中・来店後に対応して，会員番号IDが付いた状態でそれぞれの顧客行動情報（いつ，どの店舗で，どのような活動をしたか）を詳細に把握することができる。

実際に，プラットフォーム・サービスの一環として，2014年から始まり，2015年に全国展開したスマートフォン向けの「POCKET PARCO」では，来店前，そして来店中，来店後の顧客行動に対応したサービスを企画・実現している。

1.6.1 来店前のサービス企画の実現

従来，SCを運営する業者側では，各テナントに関わる詳細な売上品目の内訳，売れ筋商品やサービスの内訳，さらに顧客ごとの購買履歴情報はほとんど知ることができなかった。

しかし，パルコが，全国の直営PARCO拠点内に入居している約3,000テナントに対して，この「POCKET PARCO」アプリケーションソフトで運営管理することと，「店頭EC」プラットフォーム・サービスで運営管理することで，今まで取得できなかった会員番号ID付きの「個客」ごとの購買履歴情報を取得・蓄積することができるようになった。

「個客」は，いきつけの店舗のブログ記事を参照した後に，興味・関心のある記事を購読する。その際に参照され，蓄積された会員番号IDに紐づけられた顧客行動情報や購買履歴情報について，現在は，AIを活用してビックデータ解析を行っている。例えば，図表３－６は「POCKET PARCO」で，各テナントのブログ記事をお気に入り登録したクリップ数について，来店チェックイン時の店頭での商品購入回数と購入額などについて，相関関係を分析するイメージを表現している。

特に，PARCO側では，様々な顧客が各店舗別の新着や新トピックスのブログ記事を参照する行為を「クリップ」データとして収集・蓄積するとともに，それぞれの顧客が来店した履歴データとの相関分析をしている。まず，顧客がブログを参照する時間分析として，通勤・通学時の午前８時台に第１のピークがあり，次に帰宅する電車内または帰宅後の午後９時から10時台に第２のピー

図表3－6　アプリケーションソフトとカード利用による顧客行動情報や購買履歴情報の分析イメージ

会員ランク	クリップ	チェックイン	店頭買上げ	購入金額
ゴールド	63件	22回	38件	328千円
シルバー	56件	15回	17件	117千円
ブロンズ	35件	7回	10件	68千円

※2014年～2015年当時の仕様

出所：パルコデジタルマーケティングからの提供資料

クが表れていることがわかった。顧客が，実際に来店した期間分析をしてみると，ブログ記事のクリップ数と，その記事を投稿したショップへの来店・購買数に関して，互いに相関する傾向があることがわかった。

したがって，いかにクリップ数を多く獲得できるような魅力的なブログ記事をあげるかを，工夫することが求められている。そこで，図表に示されているブログ記事の右下にある「ハート」マークを「クリップ」ボタンにするとともに，「クリップ」を押された回数も表示することで，高ランクのブログ記事と商品ブランドを対照して掲示できるようにした。そうすることで，各店舗側でもブログ記事を制作する際のヒントになり，どのようなブランドやその写真の掲載方法，タイトルの掲載方法，タイトルの付け方，記事の文章の書き方など，今後の改良につながっている。

一方，ブログ記事の参照情報と，個々の顧客の購買履歴情報を関連づけて，AIの機械学習を活用したビッグデータ解析をしている。つまり，それぞれの顧客の嗜好・興味に関して，どのような商品ブランドのブログ記事を参照し，実際にどのような商品ブランドを購入したのかを機械学習している。その上で，それぞれの顧客の嗜好に合わせて，ブログ記事の表示順位の優先度を変更することや，ブランドをレコメンドする精度を向上させている。

従来のSCの出店計画時には，半径何kmの円を描き，その圏内の人口や交通システムがあるかなど，アバウトな商圏としての魅力度を想定するしかなかった。また，SCの設置・営業開始後も，それぞれの顧客がどのような導線から来店しているのかの予想も立てにくかった。

一方，個々の顧客が携帯しているスマートフォンに付帯しているGPS機能を活用し，アプリケーションソフトの中に情報連動させることで，統計的に顧客行動を地図情報上で分析できるようになった。それにより，例えばキャンペーン企画をした広告発信時に，それぞれのSCを取り巻くエリア別に，顧客の動線分析ができるようになってきた。

さらに，動線分析に加えて，キャンペーン時に，広告がヒットした場合に来店および購入までつながったアプリユーザを把握することができるなど，今後，デジタルマーケティングを戦略的に活用できる可能性が広がってきた。

1.6.2 来店中のサービス企画の実現

PARCOへ来店した際に，スマートフォンで「POCKET PARCO」を立ち上げると，「100コイン（SCへの来店時のCheck in）」がもらえることで，顧客がSC内や各店舗内で「POCKET PARCO」を使い続けてもらう仕組みをもっている。

さらに18年度から各PARCO内で500歩以上の周遊をすることで，「ウォーキングコイン＝500コイン（５円相当）」のイベントを企画・実施している。スマートフォンに付帯しているGPS機能を利用することで当該SCのエリア内に居ることが確認できるとともに，スマートフォンに内蔵している機能とアプリケーションソフトを利用することで歩数を計測することができる。

ウォーキングコイン・イベントの実績を解析したところ，一定期間内に異なる店舗数を買い回る行動が通常に比べて2倍に増加し，それに対応して実際の購入額が2割～3割増えたという結果が得られた。

1.6.3　来店後・購入後のサービス企画の実現

顧客がある店舗で商品を購入した翌日に，「POCKET PARCO」のアンケート機能を使っている。アンケート回答に対する顧客側へのインセンティブとして，コインを付与してアンケート回答と返信を促している。なお，購入時にも，買い上げ金額に応じてポイントを付与している。アンケートの評価内容として，満足度レベルが5～1段階まで設定されており，コメントも記述してもらえるアンケートフォーマットになっている。

PARCO側では，全店舗のアンケートデータの解析を行い，満足度レベルと，リピート率の相関分析を行っている。その結果，やはり満足度レベルが5の顧客はリピート率が高い傾向があることは当然といえる。特に有意義なのは満足度レベルが高い場合と，その反対に低い場合についても，それぞれの立場からのコメントの記述内容の違いを比較分析することが非常に重要になり，それらが該当する個々のテナント業務への改善指導に役立っている。

また，PARCO側のアンケート全体の傾向分析は，いくつかのタイプ別に行っている。例えば，同フロア内での満足度レベルの低い店舗や商品種類，同業種内での相対比較，さらに同じブランドで他地域のPARCOに出店をしているショップ間との比較分析をして，改善指導に役立てている。

以上のような顧客行動データやアンケートデータなどのビッグデータの解析には，ビジュアル分析ツールの一つであるTableauを活用している。

1.6.4　POCKET PARCO活用によるプッシュ・コミュニケーションのPR戦略

今後，いかに顧客に喜んでもらえる「POCKET PARCO」の総合サービス企画をしていくかの工夫が必要になる。

今まで，各店舗のブログ記事に対応して，来店前・来店中・来店後のサービス活動について紹介してきたが，2018年秋にはパルコが独自の視点で編集した記事コンテンツが配信され，PARCOの店頭およびECサイトへの送客を実現している。また，それぞれの地域特性を活かした各SCに配慮した上で，パルコからプロモーション戦略も実施されている。

例えば，販売促進のキャンペーン時には，パルコ側の広告宣伝費の中からクーポン特典を提供することがある。その際，そのクーポン特典があれば，来店時に店舗での購入価格が，特典額に応じて割引されて購入することが可能になる。なお，各SCの共通施設として，イベント会場施設を設置していることから，来店時にクーポン特典を利用してイベントを楽しんでもらうという企画も開催している。

さらに，パルコグループでは，SC事業の他にエンタテインメント事業を手がけていることから，コインが貯まった顧客に対して，演劇・劇場・映画などの文化活動に関する特別優待券を進呈することがある。特に，お金では買えないような，ファンサービスを持ち込んだプレミアムチケットを企画することもある。それらの意図は，ECサイトでの買い物や，それ以上にリアル店舗での買い物を楽しんでもらいたい気持ちが込められている。

将来，SC事業の顧客体験データだけでなく，エンタテインメントやその他のイベントを含めた顧客体験データを統合化し，全パルコグループとして，それぞれの顧客に楽しんでもらえる総合サービスを企画していきたい。

1.7 最先端技術を活用したショッピングセンターの接客サービスの革新

将来，最先端技術を活用したSCの未来デザインとして，図表３－７に示したように販売環境を整備・拡大し，接客サービスを革新するイメージを描いた。

1.7.1 デジタルカメラとAIを活用した来店顧客の分析

リアル店舗の顧客接点では，これまで“個”客（顧客一人ひとり）の行動を

図表3－7　最先端技術を活用したSCの接客サービスの未来イメージ

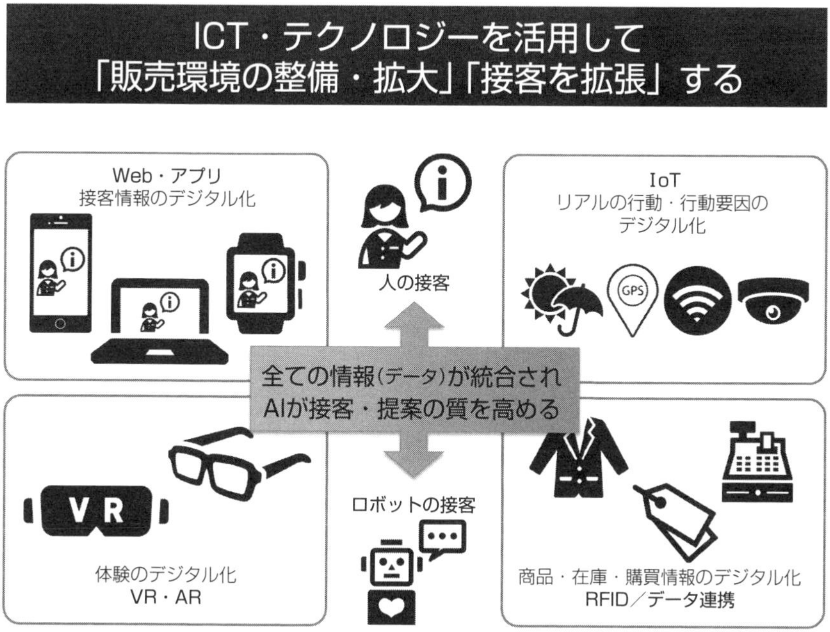

出所：パルコデジタルマーケティングからの提供資料

リアルにとらえることができなかった。そこで，IoTや，ビーコン，店頭カメラの画像データに対して，AIの画像認識技術を活用することによって，SC内や各テナント店舗内でも「顧客理解」のために来店“個”客を分析できる環境が整ってきた。

SCへの入店時に，予め設置してあるカメラで撮影した，来店“個”客の画像をAIで解析し，性別やおおよその年代層を推定しデータ化している。この「来店“個”客分析」の重要なポイントは，時系列的にデータを蓄積して，日々の変化や，週間，月間の期間に応じて，来客状況の傾向変動を分析することである（図表3－8参照）。

そうすると，それぞれのテナント店舗に何人来店し，そのうち何人が買い物をして，買上げ率はどうだったのかの推移を（各店舗からは売上・レジ客数に

図表3－8　AIを活用した来店時の“個”客画像解析による顧客行動の把握

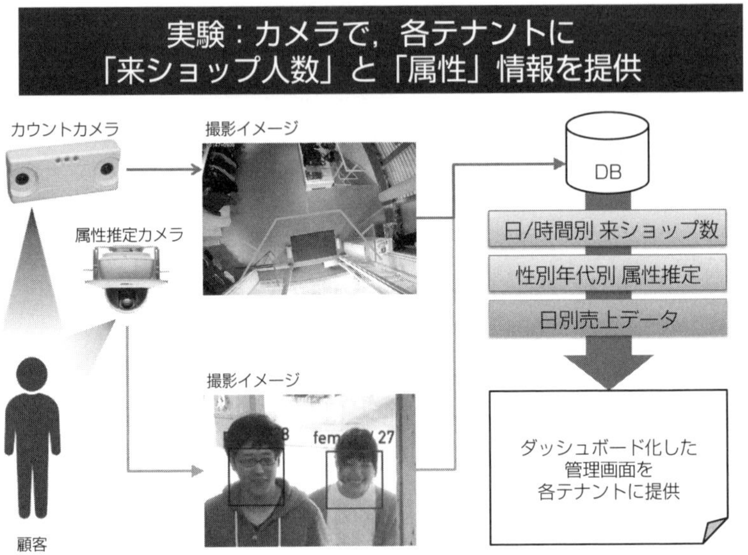

出所：パルコデジタルマーケティングからの提供資料

関わるデータの提供を受けている)，“個”客の属性に相互に関連づけてダッシュボードで可視化することを，SCから各店舗に向けた来店分析のサービスとして展開している。

来店“個”客分析結果の利用方法として，一日の時間帯の流れや週間での来客人数の変動に応じて各店舗の人員配置の最適化に活用できることや，時系列の客層の性別や年齢の変化に応じた商品ディスプレイの工夫，店舗内への来客率を高めるビジュアル・マーチャンダイジング（VMD）へも活用が可能になる。

2019年3月末に，総務省・経産省による「カメラ画像利活用ガイドライン」の改正が行われ，顧客側の利便性が上がることを条件に，一定の条件の下で180日間以内まで“個”客の画像データを蓄積し，分析することが可能になった。そのことにより，画像データに会員番号IDを付与して，来店した“個”客は何回目の来店かなどのリピート分析や，どの店舗を回遊したのかなどの経路分析などへと繋げていける可能性が広がってきた。

1.7.2　サービスロボットやAmazon Echoによる接客サービスと棚卸管理

池袋PARCOでの実証実験事業として，サービスロボットや，商品の値札タグにRFIDを装着することによって次のようなことが可能になった。まず，サービスロボットをSCの各フロアでの接客・案内役として活用する実証事業を行った。百貨店の場合は，各フロアや各店舗にも社員が多いため，顧客への接客・案内は対応がしやすい。しかし，SCの場合，SC自体の社員が各フロアや店舗にほとんどいないため，1階などに設置されたインフォメーション施設に行かないとビル全体の案内サービスは受けられない。

いくつかのSCで，そのようなサービスロボットの試用を進めているが，顧客の反応も良い傾向が得られている。質問に答えるだけでなく，必要に応じて顧客が行きたい店舗へ付き添って自走ガイドする機能も備えている。

昼間は接客・案内役の機能を果たしているが，一方，サービスロボットの夜間の活用として，各店舗に陳列されている商品在庫の棚卸を代行する機能について実証実験も行っている。

サービスロボットに付帯しているアンテナと，個々の商品タグにRFIDを付けおくことによって，サービスロボットがショップ内を回遊しながら，サービスロボットのアンテナを介してRFIDを呼び込むことで，棚卸作業の支援をしていく。従来の棚卸のやり方は，各店舗に陳列されている商品在庫を人が一つひとつ確認して，最終的に管理上の在庫数と，実際の商品在庫数の差異を調査するもので，閉店後に数時間をかけて行っていた。将来，この棚卸作業がサービスロボットに代行されると，数十分で棚卸作業が自動化されることになり，サービス生産性を飛躍的に向上することができる。

1階のインフォメーションカウンター以外には，顧客の問合せに対する接客・案内サービスがなかったことから，池袋PARCOおよび名古屋PARCOの実証実験事業として，いくつかのフロアにAmazon Echoを配置して，音声による接客・案内サービスを試みた。どこに設置したAmazon Echoがどのように質問に答えたかのデータを蓄積して分析した。

今後はさらに，探している商品品目に対してどの店舗内で販売しているのかなど，より高度な接客・案内サービスの利用ができるようにしていきたい。そして，質問蓄積データの解析を通じて，顧客から問い合わせられるような様々な問題には，予め解決できるように顧客ニーズに細かくマッチングした顧客サービスの向上に努めていきたい。

なお，2019年にグランドオープンした渋谷PARCOでは，インバウンド・ツーリストの来店が非常に多いことから，多言語での接客・案内サービスにAIを活用した音声案内や，タブレット，サイネージを組み合わせた新たな店舗内案内端末を導入している。

1.8 ショッピングセンターからセレンディピティセンターへの未来デザイン

将来のSCのビジネスモデルの変革の姿として，ショールームセンター機能，シニアセンター機能，さらにソーシャルセンター機能を果たしていくことが考えられる。例えば，ソーシャルセンターとして，地域の公共サービスや，セキュリティセンターも含めたビジネス形態がある。実例として，福岡PARCOでは，シェアオフィス機能をもち，錦糸町PARCOでは行政機関サービスとして，郵便局などの機能を既にSC内に取り込んでいる。今後の社会貢献企業の役割として，少子高齢化や地方の人口減少など社会問題の解決に向けて，ソーシャルセンター機能を積極的に拡張・発展させていくことが期待されている。

今後のSCの未来像は，顧客理解をさらに深化させて，「偶然の出会いによる幸福感を体験できるセンター（Serendipity Center）」を探究していくことである。2017～2021年度「パルコグループ中期経営計画」の中で，パルコ店舗事業の事業展開として，以下の図表３－９に示されているように，顧客に対して店頭魅力の拡大による購買決定率の向上と，出店者に対してパルコ独自のテナントサービスを提供する仕組みづくりが表現されている。

図表３－９　ICT活用による顧客政策―顧客率の拡大・テナントサービス拡充

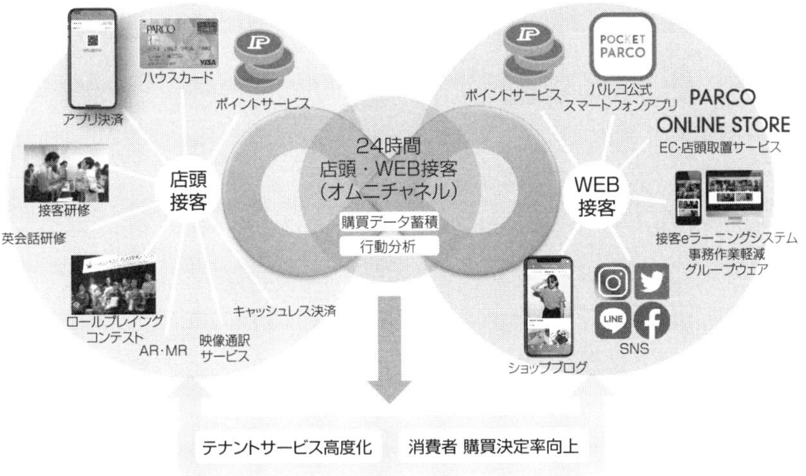

出所：2017～2021年度「パルコグループ中期経営計画（2017年４月）」

(1)　顧客「店頭魅力拡大」：新しいリアルエクスペリエンスを体験できる空間提供―独自の来店創造―

①　テナント構成の進化

・新たな体験提供に向けた新規事業主テナント化の促進

・テナント企業との協業，業態開発，新業態創造

②　これまでの小売りを超えた楽しさ提供

・消費者への新たな提供価値の創造―豊かな生活，コト，情報，気づき，共感・共有（シェア）

(2)　出店者「独自のテナントサービスの提供」：顧客コミュニケーションを最大化（＝ファン拡大）するプラットフォーム提供―出店メリット拡大

・安定的な売上確保に向け売場環境の提供―CRM戦略，店頭売上・稼働促進

・テナントのEC取組み拡大に対応した店頭機能の充実

・ICT活用による店舗業務の効率化―テナント内で顧客との接遇時間の拡大

2　パルコグループのケーススタディ

See テキスト 第2章　第2節

2.1　ケーススタディの課題1

2.1.1　外部経営環境分析における顧客分析

テキストの「外部経営環境分析における顧客分析」[p.43] に対して，パルコグループに関する「顧客分析」の特色は，本書本章『1.4　パルコグループにおける「デジタルマーケティング」の主要業務と役割』(p.62) で示したように，SC側が各テナントに対してプラットフォーム・サービス環境を整えて支援していることにある。

さらに，SC側が独自開発したアプリケーションソフトを顧客に活用してもらうことにより，それぞれの「顧客会員番号ID」に紐づけて，"個"客の購買行動プロセス情報を収集・蓄積・解析していることにある（顧客会員番号IDに紐づいた属性情報）。その狙いは，このように会員番号IDに関連させてそれぞれのテナントごとに，日々の各品目に対応した売上情報をSC側で収集・蓄積・解析することで，テナントごとの営業実績を把握することができるようになったので，個々のテナントに対する改善対策の指導・支援に結びつけられるようになったことである。

2.1.2 (1)　従来型の市場セグメント，ターゲティング，市場セグメントの明確化や評価などの方法が，社会的背景によってSC業態が低迷したことにより，それらが通用しなくなってきた。

それに対して，オムニチャネルへSC業態が進化したことにより，ターゲット顧客を特定する方法が変化して，"個"客を探索して，好みの商品をリコメンドできるようになってきた。それらに向けて，パルコグループは，どのような情報基盤や，ソフトウェア，サービス提供，さらに各テナントに対する支援を行っているのかを説明しなさい。

その際，顧客へ対応したことと，各テナントに対応したことを区別してそれそれ述べなさい。

2.1.2(2)　SC事業者側で実現した，Webプラットフォーム・サービスと，独自に開発したアプリケーションソフトなどの技術革新やサービス提供によって，顧客会員番号IDや“個”客に紐づいた購買行動データを収集，蓄積，解析できるようになった理由をわかりやすく説明しなさい。

2.1.2(3)　SC事業者側が，Web構築支援，ECコンサルティング，Web統合パッケージなどを，各テナントに対して業務環境を整備したことで，顧客ニーズの多様性と相互作用や，顧客ニーズのタイプ，顧客の種類ならびに既存顧客の維持などに貢献できた理由を次の視点から説明しなさい。

① 各テナントが，各自の顧客に対して，各店舗における新作情報やキャンペーンを発信できるようになったメリット（どのような新たなサービスが提供できるようになったのか）

② 各テナントが，各店舗の独自のECサイトやWeb統合パッケージを活用できることにより，顧客ニーズのタイプや，顧客の種類の把握ができるようになったメリットや，さらに，顧客生涯価値の最大化を探究できるようになったメリット

2.2　ケーススタディの課題2

See テキスト　第2章　第5節

2.2.1　外部経営環境分析における環境分析

テキストの「外部経営環境分析における環境分析」［p.73］に対して，パルコグループの「環境分析」の特色は，本書本章『1.6　デジタルマーケティングに向けたパルコ流「デジタルSCプラットフォーム戦略」』（p.67）に示したように，プラットフォーム・サービスを介しての「POCKET PARCO」が，それぞれの顧客が携帯しているスマートフォンのGPS機能と連動して使用することによって，来店前・来店中・来店後に対応して，顧客会員番号IDが紐づいた状態でそれぞれの顧客行動情報（いつ，誰が，どの場所，どのような活動

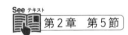

をしたか）を詳細にリアルタイムで把握することができるようになったことである。

2.2.2(1)　来店前と，来店中，来店後に対する本書本章「1.6　デジタルマーケティングに向けたパルコ流「デジタルSCプラットフォーム戦略」」(p.67）のそれぞれのサービス企画内容について，環境分析「PEST分析」に関連した以下の環境変化のチェックポイントを加味してそれぞれ説明しなさい。

① 【社会的環境】：顧客会員番号IDに紐づけられた，生活文化的トレンド（ライフスタイル，ファッション）の顧客理解

② 【技術的環境】：技術革新，ICT関連技術を活用した顧客行動データ解析

See テキスト 第5章　第6節

2.3　ケーススタディの課題3

2.3.1　ビジネスモデル・イノベーションにおける「ICTビジネス革新に向けたビジネスモデルの各種タイプ」オムニチャネル

テキストの「ICTビジネス革新に向けたビジネスモデルの各種タイプ」［p.231］の中で，パルコグループのビジネスモデルは特に「オムニチャネル」に関連している。オムニチャネルの特色は，顧客の購買行動プロセスの中で，複数の流通チャネルやメディアを組み合わせて，リアル店舗とネットサービスを融合したサービスを提供することにある。

パルコグループでは，本書本章の「1.7　最先端技術を活用したショッピングセンターの接客サービスの革新」(p.72）で示したように，先端技術を活用したSCの未来デザインを探求して，デジタル戦略として接客サービスを革新するイメージを描いている。

2.3.2(1)　従来は，リアル店舗の顧客接点では，これまで“個”客（顧客一人ひとり）を捉えることができなかった。それに対して，各種の先端技術（例えばIoTや，ビーコン，デジタルカメラ，AI）を，リアル店舗内でどのように活用しているのか，それぞれの技術動向を調査した上で，活用シーンをイメージ

化して表現しなさい。

2.3.2(2)　本書本章の図表3－7を参照して，それぞれの技術をどのように相互に連携させて，「来店“個”客分析」システムをつくりあげているのか想像しなさい（想定でもよいので，言葉だけでなく，ユースケース［顧客がプラットフォーム・サービスやアプリケーションソフトを利用しているシーン］をイメージ図で表現できるとなおよい）。

2.3.2(3)「カメラ画像利活用ガイドライン」の改正によって，“個”客の画像データを蓄積し，分析することが可能になることで，どのような新たなサービス企画が考えられるのか提案しなさい。

2.3.2(4)　本書本章「1.8　ショッピングセンターからセレンディピティセンターへの未来デザイン」（p.76）について以下の課題について考察しなさい。

①　自ら住んでいる，あるいは勤めている，あるいは関心がある地域の現状の特性と，10年後に想定される社会問題を考察しなさい。

②　その社会課題解決の一方策として，未来型のあるべきセレンディピティセンターをデザインしなさい。

【取材協力の謝辞】
株式会社パルコ　執行役員　CRM推進部兼デジタル推進部担当　林直孝氏
株式会社パルコデジタルマーケティング　営業推進室部長 兼コンサルティング一部部長　唐笠亮氏

【参考文献】
2017～2021年度「パルコグループ中期経営計画（2017年4月）」
パルコ　統合報告書2019年度
https://www.parco.co.jp/ir/library/annual_reports.php
株式会社パルコデジタルマーケティングからの提供資料

（玉木欽也）

花王グループ

第4章　技術イノベーションとスモールマスマーケティング

―130余年にわたり顧客ニーズを先取りした市場創造―

	本書【ケーススタディの課題】との対応関係	前「テキスト」との対応関係
1　花王グループが継続する外部経営環境分析 1.1　花王グループの会社概要と経営理念 1.2　花王グループの歴史的事業展開と事業領域		
1.3 「ピュアン」のマーケティング戦略：「デジタルマーケティング戦略」から「スモールマスマーケティング」への展開	2.1　外部経営環境分析における顧客分析【課題1】	テキスト　第2章　外部経営環境分析：第2節　顧客分析
1.4 「キュレル」発売から「乾燥性敏感肌」の市場創造	2.2　外部経営環境分析における市場分析【課題2】	テキスト　第2章　外部経営環境分析：第4節　市場分析
1.5　スキンケア・メイクの新しい技術イノベーションへの取組み 1.6　花王グループのESGへの取組み	2.3　ビジネスモデル・イノベーションにおける「ビジネスモデルの定義と各種モデルのポイント」【課題3】	テキスト　第5章　ビジネスモデル・イノベーション：第2節　ビジネスモデルの定義と各種モデルのポイント

出所：石丸亜矢子作成

1　花王グループが継続する外部経営環境分析

【ポイント】

花王グループは130余年に渡る歴史を通じ，人々の豊かな生活の実現を目指し続けてきた。創業以来の企業理念を「花王ウェイ（The Kao Way）」として，「使命」，「ビジョン」，「基本となる価値観」，「行動原則」のピラミッドで表現し，「基本となる価値観」として，「よきモノづくり」，「絶えざる革新」，「正道を歩む」をあげ，行動原則として，「消費者起点」，「現場主義」，「個の尊重とチームワーク」，「グローバル視点」を掲げている（図表4－1参照）。

「よきモノづくり」，「絶えざる革新」などの理念に象徴されるとおり，花王グループは「本質研究」に根ざした「画期的な製品開発」と「継続的な改良」を企業アイデンティティとしている。また，「消費者起点」や「現場主義」などの理念のとおり，製品開発後の販売やマーケティング活動においては，一貫して顧客の声を聞き，社会のニーズを製品に反映させ，常に世の中の一歩先を行くイノベーティブな事業展開を行っている。

花王グループが長きにわたり事業を継続・成長させ続けてきたのは，顧客分析や市場分析，環境分析などの外部経営環境分析によるところが大きい。そこで本章では，花王の外部経営環境分析に基づく戦略立案と事業展開のあり方について分析する。また，その時々の経営環境や市場ニーズを敏感に読み取り，市場創造や顧客創造をし続けてきた花王グループが描く未来の市場ニーズや事業活動のあり方については，1.5節（p.98）と1.6節（p.99）に示す。

1.1　花王グループの会社概要と経営理念

1.1.1　花王グループの会社概要

商号　　　　花王株式会社（Kao Corporation）
本店所在地　東京都中央区日本橋茅場町一丁目14番10号
創業　1887年6月（明治20年）
設立　1940年5月（昭和15年）
資本金　854億円
連結売上高　（2018年12月期）　15,080億円
営業利益　（2018年12月期）　2,077億円
従業員数　　7,655人（連結対象会社合計 33,664人）
代表者　　　代表取締役社長・執行役員　澤田道隆

【事業概要】
世界の人々の豊かな生活文化の実現に貢献することを目指す化学メーカーとして，「化粧品」「スキンケア・ヘアケア」「ヒューマンヘルスケア」「ファブリック＆ホームケア」に関する一般消費者向けコンシューマープロダクツと，産業界に向けたケミカル製品を製造・販売する。

1.1.2　花王グループの経営理念

花王では，創業以来の企業理念を「花王ウェイ（The Kao Way）」として，「使命」，「ビジョン」，「基本となる価値観」，「行動原則」のピラミッドで表現している。「基本となる価値観」として，「よきモノづくり」，「絶えざる革新」，「正道を歩む」を，行動原則として，「消費者起点」，「現場主義」，「個の尊重とチームワーク」，「グローバル視点」を掲げている（図表4－1参照）。

1.2　花王グループの歴史的事業展開と事業領域

花王は，2017年に創業130年を迎えた，日用品・化粧品・化学メーカーである。国内の日用品・消費財メーカーとしては売上高1位の座を占め（2位は資生堂で，売上高は約1兆円），P&Gやユニリーバなどの巨大グローバル企業と競合する日本有数の大企業である。

図表4－1　花王ウェイ（The Kao Way）

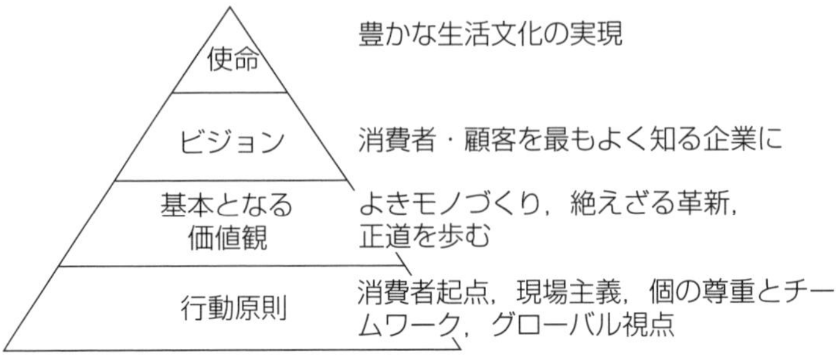
使命
豊かな生活文化の実現
ビジョン
消費者・顧客を最もよく知る企業に
基本となる価値観
よきモノづくり，絶えざる革新，正道を歩む
行動原則
消費者起点，現場主義，個の尊重とチームワーク，グローバル視点

出所：「花王統合レポート2018」をもとに石丸亜矢子作成

花王グループの事業分野は広く，「化粧品」「スキンケア･ヘアケア」「ヒューマンヘルスケア」「ファブリック＆ホームケア」の４つの事業分野でコンシューマープロダクツ事業を展開している（図表４－２参照）。また「ケミカル」事業分野においては，産業界のニーズにきめ細かく対応したケミカル製品を幅広く展開している。５つの事業分野で概ね５分の１ずつの売上構成となっており（図表４－３参照），約1.5兆円という巨大な連結売上高を計上している（図表４－４参照）。

1.2.1　花王グループの画期的な製品展開とその理念

花王の歴史は1887年（明治20年），東京の馬喰町に，創業者である長瀬富郎が開業した洋小間物販売業の「長瀬商店」から始まった。開業当初は，輸入化粧石鹼や文具類などを扱っていたが，当時23歳の長瀬は良質な国産石鹼に商機があると考え，創業からわずか３年後の1890年10月，自社製品「花王石鹼」の発売にこぎつけた。その後，花王は「花王石鹼」を拡販するための販社制度につながるビジネスモデルを確立させ，また，人々の様々なニーズに応える製品を次々と開発・製造・発売して事業を成長させた。

図表4－2　花王の事業セグメントと主な製品

事業セグメント		主な製品カテゴリー	主な製品ブランド
コンシューマープロダクツ	化粧品	カウンセリング化粧品・セルフ化粧品	「ソフィーナ」「カネボウ」「キュレル」など
	スキンケア・ヘアケア	スキンケア製品・ヘアケア製品・ヘアサロン向け製品	「ビオレ」「メリット」「エッセンシャル」「ジョン・フリーダ」など
	ヒューマンヘルスケア	飲料・サニタリー製品・オーラルケア製品・入浴剤・温熱シート	「ヘルシア」「ロリエ」「メリーズ」「ピュオーラ」など
	ファブリック＆ホームケア	衣料用洗剤・洗濯仕上げ剤・キッチン／バス／トイレ／リビングケア製品	「アタック」「フレアフレグランス」「キュキュット」「マジックリン」など
ケミカル		油脂製品・機能材料製品・スペシャルティケミカルズ製品	—

出所：花王株式会社「2018年（平成30年）12月期決算説明会資料」をもとに石丸亜矢子追記

図表4－3　花王グループの売上高構成比

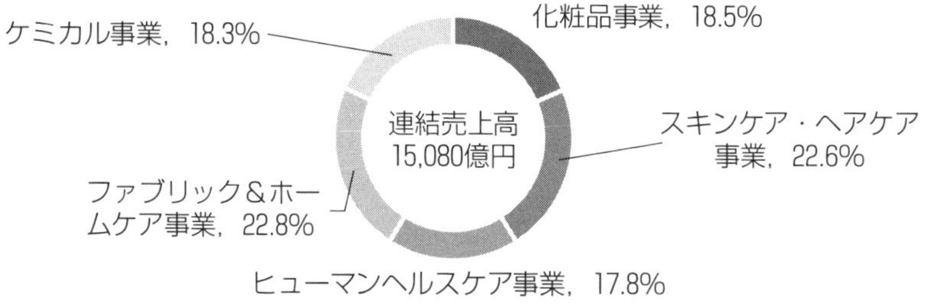

出所：花王ホームページ「花王グループの売上高構成比」をもとに石丸亜矢子作成

(1)「取引先と共に栄える」ビジネスモデル

花王を創業した長瀬は，卸売の取引量に応じた割戻制度を小間物化粧品業界で初めて考案して導入した。卸・小売などの取引先に利する価格設定や流通経

図表４－４　花王グループの成長推移

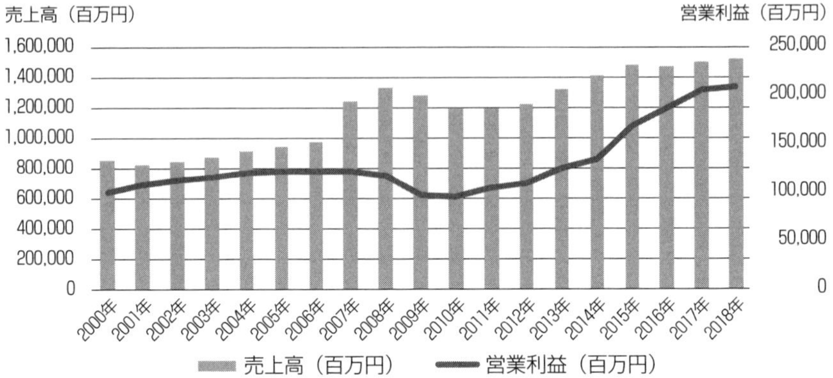

出所：花王グループ有価証券報告書をもとに石丸亜矢子作成

路としたことは，舶来品や他の国産品の凌駕と「花王石鹼」の普及に寄与したと考えられる。新聞広告には「花王石鹼」の名とともに，取引先の卸・小売などの名前も記載した。この新聞広告により取引先の知名度や信用度の向上を狙ったことも，後の販社制度に通じる「取引先と共に栄える」といった思想がみてとれる。

⑵　「生活者との対話」を通じたモノづくり

1934年には，家事全般について科学的にアプローチする研究施設として，家事科学研究所を設立した（1937年 長瀬家事科学研究所に，1954年 花王家事科学研究所に改称）。家事科学研究所では，家事全般に科学的かつ合理的な手法を開発し，「生活者との対話」を大切に，講習会などを積極的に行った。この研究所を母体とするのが現在の「生活者コミュニケーションセンター」であり，生活者の声を聴き，モノづくりに活かしてきた花王の姿勢は，今も伝統として受け継がれている。

(3) 研究開発による独自技術を活用した様々なヒット製品

花王が1932年に発売した「花王シャンプー」は，“シャンプー”という言葉を日常語として定着させ，日本人の洗髪習慣を大きく変えた。昭和初期頃の日本人の洗髪は月１回程度であり，洗髪に使われる洗剤は髪洗い粉という白土に粉石けんや炭酸ソーダを混ぜたものが一般的だった。

花王は石鹸ベースのシャンプーに続き，1950年代には粉末シャンプー，1960年代には液体シャンプーを発売して，洗髪を楽にし，その結果として洗髪の頻度を上げ，日本人の洗髪習慣を変えた。1970年代に入ると，日本初のリンスも発売した。

1978年には自社開発の高吸水性ポリマーを活用した，生理用ナプキン「ロリエ」を発売。吸収力に優れた新しいタイプの生理用品として，広く女性に受け入れられた。1983年には，高吸水性ポリマー、不織布、透湿シートなど，様々な機能性新規素材や加工技術の開発から生まれた、新しいタイプの紙おむつ「メリーズ」を発売した。「ロリエ」も「メリーズ」も，いずれもロングセラーブランドとなり，特に「メリーズ」は高品質ゆえに2010年代のベビーブームに湧く中国への輸出転売が相次ぎ，日本国内の量販店の店頭から在庫が消えるという騒動が引き起った。

他にも，1994年発売の住居用掃除用具「フローリング用クイックルワイパー」，1999年に発売された体に脂肪がつきにくい，食用油で初めての特定保健用食品となった食用油「エコナクッキングオイル」（2009年10月特定保健用食品の失効届を提出），2003年発売の高濃度茶カテキンがエネルギーとして脂肪を消費しやすくする特定保健用食品「ヘルシア緑茶」，2009年発売の衣料用超コンパクト液体洗剤「アタックNeo」など，花王は研究開発による独自の技術を活用し，様々なヒット製品を生み出し続けている。

1.3 「ピュアン」のマーケティング戦略――「デジタルマーケティング戦略」から「スモールマスマーケティング」への展開

過去の花王のマーケティングは，看板に始まり，テレビ広告などマスマーケティングが主流であった。しかし，2000年代以降は，パーソナル電子デバイス（パソコンやスマホなど）の普及と発達によって広告のあり方が大きく変化した。また，個人のニーズの多様化が進み，顧客の多様なニーズに応える製品づくりが必要とされるようになっている。

1.3.1 デジタルマーケティング戦略

花王では，「お客様をよく知っている企業でありたい」という「消費者起点」の経営理念に基づき，顧客を知りそのニーズを的確に捉えるのみならず，売り方を科学するため，インターネットの黎明期といえる1995年頃から逸早くデジタル情報を広く活用したマーケティングを導入した。2014年にはデジタルマーケティングセンターを設置し，現在に至るまで意欲的にデジタルマーケティング戦略に取り組んでいる。

例えば，日本国内の「髪」に関して記述されたブログ全てを対象にデータマイニングを行い，髪に関してどのようなキーワードが対応して記述されているかを分析した。その結果，例えば6月頃は「梅雨」と「髪」という単語をブログなどに記述している人が多いことがわかり，さらに深い分析をすすめると，梅雨入りした地域で，（髪が）「広がる」，「うねる」，「くずれる」，「まとまらない」などの髪の悩みが顕在化していることがわかった。

そこで，花王では髪の悩みの解決策として，ヘアスプレー「ケープ」のCMを，都道府県別に対応させた53素材で製作し，日本各地の梅雨入りのタイミングに合わせてYouTube上で放映するという「マーケティングコミュニケーション」を行った。これは，髪の悩みをもつ性別・年齢別やペルソナの細分化を超えて，都道府県別に居住するターゲットユーザそれぞれが梅雨入りに接したタイミングを捉えた，『スモールマス』向けの「リアルタイムマーケティング」と呼ばれる手法であり，ターゲットユーザに，広告を「自分ごと」として捉えてもらうことに成功し，大きな成果をあげた。

1.3.2　スモールマスマーケティング

花王はさらに他の製品でも積極的に『スモールマス』へのマーケティング展開を図っている。「PYUAN（ピュアン）」は，2015年に発売された，花王のシャンプーブランド「メリット」の20代向け製品ラインである。

花王の調査（2015年）によれば，女性のうち78％が「地肌を清潔に保つことが，髪にとって大切なこと」だと考えており，10代から20代にかけては，地肌の汚れ，ニオイ，べたつきが気になると答える割合が高まる時期であることがわかった。

さらに，実際に年代別に地肌の皮脂量を調べてみると，10代から20代にかけて増加するというデータが得られたことから，花王は10代から20代に向けた地肌のクレンジングを意識したヘアケアの製品ラインとして，2015年に「PYUAN」を発売した。

1.3.3　SNS広告の活用

2015年の「PYUAN」発売当初は，テレビ広告を中心としてマーケティングを行っていた。WebやSNSも併用したが，広告コミュニケーションにおいて十分なパーソナライズができていなかった。PYUANのメインターゲットである20代女性は，テレビよりもスマートフォンでの情報接触が多い傾向にある。

そこで，2017年にリニューアル発売をする際には，テレビ広告を完全に廃止し，ターゲットとする18～29才の女性の行動様式に合わせて，Instagram（インスタグラム）やFacebook（フェイスブック），Twitter（ツイッター）などのSNS広告を中心に据えて，マーケティングを行った。

若年層では注視時間が短くなっているという調査結果をもとに，短時間でも印象に残るよう，動画広告やInstagramのストーリーズ広告を活用し，ビジュアルで端的に訴求する戦略をとった。一般的な機能訴求型の広告ではなく，ブランドのメッセージである“クレンズライフ”を，“赤毛のピュアン”という空想上のキャラクターの生活を通して描き，常に製品のストーリーをリニューアルし続けることで，視聴者にPYUANを自分も楽しみたい，取り入れたいと思わせる工夫を施した。

また，20代女性は機能性だけでなく，自分の生活に合ったものを選択して取り入れているため，新PYUANでは，ターゲットとする20代女性のライフスタイルを提案することに注力した。具体的には，「自然体でいたい」，「前向きな気分でいたい」，「ゆったりした気分でいたい」という3つのライフスタイルを設定してターゲットをセグメント化し，製品パッケージや香りでもこれらの3つの価値を訴求した。

1.3.4 ターゲット層のニーズ変化を捉えた継続的な商品リニューアル

2019年7月13日には香りとパッケージが全面リニューアルとなった新しい「PYUAN」が発売されている。ターゲットとなる20代～30代前半の女性に，なりたい気分を花王が調査したところ，「明るく前向き」「自然体でいたい」「調和を保ちたい」「大胆になりたい」「個性を大事にしたい」の5つの傾向に分類された。この調査結果に従い，5つのなりたい気分を表現した香りに5人のクリエーターがデザインしたパッケージを組み合わせた新商品となっている。『スモールマス』の深い分析を通じ，花王の「PYUAN」は進化し続けている。

1.3.5 花王グループにおける市場セグメントの分類基準特性・要素に応じた新「PYUAN」の分析

前テキスト「第2章　外部経営環境分析」の「2.1　市場セグメントとターゲット顧客の把握」[pp.43～45]の「図表2－2　市場セグメントの分類基準となる5つの特性と様々な要素」にしたがって，新「PYUAN」の分析を行ってみる（図表4－5参照）。

新「PYUAN」は日本国内に在住する20代～30代前半の女性を主なターゲットとしており，「明るく前向き」「自然体でいたい」「調和を保ちたい」「大胆になりたい」「個性を大事にしたい」といった価値観をもっている。また，シャンプー・コンディショナーを選ぶ上で「地肌をしっかり洗いたい」というクレンジング意識をもっている。このような市場セグメント分類基準・特性・要素

図表４－５　市場セグメント分類基準の特性・要素に応じた新「PYUAN」分析

特性名	要素	新「PYUAN」の事例分析
地理的特性	地域，郡，都市，地元エリア，人口や人口密度，気候	日本国内に在住
デモグラフィック属性	宗教，人種，国籍	主に日本人
	年齢，性別，家族数，家族のライフスタイル，世代	20代～30代前半の女性 SNSを使って友人などと頻繁に連絡を取り合っている
	所得，職業，学歴，教育水準	学生やOLなど，中流所得層
サイコグラフィック属性	ライフスタイル，価値観	流行が気になる，おしゃれだと思われたい，基本的にはみんなと同じだと安心だが人と違う個性をアピールしたい：「節約したい」「明るく前向き」「自然体でいたい」「調和を保ちたい」「大胆になりたい」「個性を大事にしたい」
	性格	
行動特性	ユーザーの状態	シャンプー・コンディショナーを買おうとしている
	購買機会	定期的機会（ドラッグストアなどの最寄り店舗に立ち寄り時）
	追求便益	「地肌をしっかり洗いたい」というクレンジング意識に寄り添った機能価値，「なりたい気分」に寄り添う香りとパッケージデザイン
	使用頻度	毎日
	ロイヤルティ	花王ブランドの安全性や品質に対する信頼がある
	購買準備段階	SNSなどで予め認知し興味がある状態，または店頭で認知
	製品に対する態度	機能価値，価格に加えて，香りやデザインが「自分に合うか」を判断して購買を検討
	マーケティング要因感受性	香りやイメージやパッケージデザインが「自分に合うか」「しっかり洗えるか」「髪への負荷（ノンシリコン等）」「喫緊の必要性（ストックの有無等による）」「価格」
ディフュージョンモデル	革新者，初期採用者，前期多数者，後期多数者，遅延者	初期採用者から遅延者まで

出所：石丸亜矢子作成

で分析を行うことで，製品が備えるべき機能価値や，パッケージデザイン，ターゲット層への訴求方法，広告手段などがみえてくる。

1.4 「キュレル」発売から「乾燥性敏感肌」の市場創造

1.4.1 「キュレル」ブランド開発の経緯

花王が1999年に発売したブランド「キュレル」は，乾燥性敏感肌のユーザー向けの製品である。1970年代の日本では，食器洗剤の使用による手荒れが問題になり始めていた。そこで1980年代，花王は，手荒れの原因を研究していたが，1985年に「セラミド」成分による保湿ケアが手荒れを改善することを発見した。しかし，天然の「セラミド」は当時非常に高価で，製品に十分な量を配合することはできなかったため，花王ではセラミドに類似した成分を人工的に創り出す研究開発を続け，ついに1987年，セラミド機能成分「ヘキサデシロキシPGヒドロキシエチルヘキサデカナミド」の開発に成功した。

この成分を活用して1999年に発売されたのが，キュレル・スキンケアシリーズである。「キュレル」のブランド自体は，1998年に米国子会社アンドリュー・ジャーゲンズを通じて，米国のボシュロム社から買収した。当初は，フェイスケアとボディケアの全5品で販売を開始した。

1.4.2 「乾燥性敏感肌」の市場創造

発売当時はまだ「敏感肌」や「乾燥性敏感肌」という言葉が一般的ではなく，当初は市場規模も小さかったため，十分な売上が上がるとはいえない状況が続いた。しかし花王では，「乾燥性敏感肌はセラミドが不足しがちである」などの皮膚科学の知識を広める啓発活動や，皮膚科医や薬剤師・看護師との共同研究，専門家を通じたサンプリング活動を積極的に行ってきた。これらは，潜在的な市場セグメントを自ら規定し，創造する活動であるといえる。

ユーザーから寄せられた様々な悩みに応える形で，2000年にフェイスケアの製品ライン，2007年には頭皮ケアの製品ラインなどの製品を着々と増やしてきた。顧客の声を聞いて分析を行い，場合によっては市場規模が小さいと思われる場合でも，敏感肌の悩みに関する声が寄せられれば可能な限り応えるべく製品展開を行ってきた。

1.4.3　拡大し続ける「キュレル」ブランド

近年の敏感肌に対する顧客の意識の高まりに応じて「キュレル」の市場は拡大し，現在では花王の化粧品領域を支える主力ブランドとなっている。製品は，フェイスケア，ボディケア，ヘアケア，美白ケアやエイジングケアなど複数の製品シリーズに細分化されている。そして，洗顔料，メイク落とし，化粧水・乳液・クリーム，美容液，日やけ止め〔顔用／顔・からだ用〕，ファンデーション，リップケア，全身洗浄料・洗浄用具，ハンドソープ，ハンドケア，ボディケア，入浴剤，シャンプー・リンス・トリートメント，頭皮ケアなど，実に68アイテムもの製品を展開している［キュレル製品カタログ，2019年4月22日現在］。

キュレル製品シリーズおよびそれぞれのアイテムの売上高の増加率は，2012年から5年連続で前年比2桁成長を維持しており，2015年には100億円を突破し，2016年には国内で23％増加した。日本において敏感肌の化粧品市場では，ナンバーワンブランドの地位を確立している。2017年にエイジングケアシリーズを発売，2018年には長時間保湿を実現するモイスチャーバームを発売するなど，具体的な乾燥性敏感肌の悩みに応える製品を発売し続けている。

1.4.4　「キュレル」ブランドの海外展開

「キュレル」は，2009年より香港，2011年より中国，2012年より台湾，シンガポール，2016年よりタイ，2017年よりマレーシアでも発売されており，グローバル展開している。2020年までに欧州を含む12ヵ国で展開する計画を立てている。海外市場では，例えば東南アジアは日本より紫外線が強く日焼けしやすいことや気温が高いこと，タイでは肌質改善よりも美白へのニーズが高いことなど，スキンケア・化粧品へのニーズが日本市場と異なる点も多い。特に中国などを中心に順調に売上を伸ばしている。

1.4.5 「キュレル」の潜在的な市場の魅力度分析

前テキスト「第２章　外部経営環境分析」の「4.1　現在および潜在的な市場の魅力度の分析」[pp.61〜63] の６つの視点から，発売当初の「キュレル」の市場分析を行う。

⑴　現在の市場規模と，潜在的な市場規模

発売当初は「敏感肌」や「乾燥性敏感肌」という概念が世間一般に存在せず，市場自体が存在しないため，市場規模を試算することは困難であった。しかし，花王では食器洗剤による肌荒れ問題や，肌の悩みに関する顧客の声を聞くことを通じ，潜在的な市場の成長性を考慮したといえる。

⑵　自社にとっての市場における成長性

将来の成長性については，「製品ライフサイクル」が成熟段階にさしかかる時と，衰退段階に下降していく時に転換点が生じる。日本の化粧品市場は，人口減少が顕在化した2010年頃をピークに，衰退段階に入っていると考えられる。また，アジアの化粧品市場は成熟段階にさしかかっている。これらの変化の潮目が来ることをあらかじめ予測し，それまで存在しなかった「敏感肌向け化粧品」という新しい市場を創造したことにより，高い成長を実現できたといえる。

⑶　市場の収益性

ポーターの「ファイブフォース分析（Five-forces Analysis)」に基づき要素を分析する。第１に，「既存の競争相手」は資生堂やコーセーなどの国内大手化粧品メーカーであるが，「キュレル」の発売と前後して，資生堂は1997年に「ｄプログラム」を発売している。また，1985年には常磐薬品から敏感肌専用ブランドのNOV（ノブ）が，2001年には全薬工業からArouge（アルージェ）が発売されるなど，製薬会社も敏感肌用のスキンケアラインを発売していた。しかし当時はまだ全体としての市場規模が小さく，ユニークな製品展開によって自ら市場を創造していける状況にあったとも考えられる。

第2に,「供給者の交渉力」としては,花王が基盤技術開発に重きを置く化学メーカーであることが大きい。「キュレル」の発売経緯も,「セラミド類似成分」を自社開発したことから,自らが供給者となって競争力の高い製品を生み出すことができたことが強みであるといえる。

第3に,「顧客の交渉力」であるが,これについても,「供給者の交渉力」と同じ理由で,自社開発した高機能の成分などを独占的に使った製品展開を行えたことから,顧客に低コストで独占的に製品の提供を行うことができ,有利であったといえる。

第4の「代替品」については,「既存の競争相手」である他の化粧品メーカーや製薬会社が発売する製品や,皮膚科治療などがあげられるが,化粧品の代替品は比較的少なく,「乾燥性敏感肌」向けの機能性製品はさらに限定されることから,これも有利であると考えられる。

第5の「潜在的参入者」については,市場の広がりによって多数の参入者がこの市場に参入してくることが予測されるが,早期のブランド確立と,長期間にわたる技術開発によって,先行者利益が確保され,参入者より相対的に有利な位置を築けたと考えられる。

これらにより,「キュレル」ブランド開始時点で十分な市場規模がなくても,市場を創造し,長期間にわたり技術開発とブランドの浸透を図ることにより,成長性が確保できた分野であると判断することができる。

⑷　市場のコスト構造

花王では,バリューチェーンの中でも,特に製品開発段階において基盤技術を重視している。「キュレル」の場合は,1985年に「セラミド」成分が手荒れを改善すると発見したことをもとに,高価な天然の「セラミド」の代替となる成分を開発したことがその後のブランドの確立に大きく寄与した。もし,天然の「セラミド」を活用していた場合には,汎用品としての販売は難しかったと推測される。そこで,高付加価値の同成分を開発したことで,製品の市場展開に見合うコストで供給できたことが強みとなっている。

⑸ 流通チャネル

流通チャネルの「長さ」「開放度」「関係度」については，花王では，環境問題や社会問題への対応を一貫して統制するため，研究開発から，製造，顧客の手に製品がわたるまでの流れをすべてグループで一貫して行う「販社制度」に基づくビジネスモデルを採用している点に特徴がある。

卸売を通さず直接販売店へ提案営業を行っているため，流通チャネルの「長さ」は短くなり，「開放度」は限定的で，「関係度」は強くなっている。特に「キュレル」の場合は，医療機関やWebを通じたサンプル配布も積極的に行い，必要最低限の長さで製品を顧客に届けられる。

また，同社が把握する範囲の販売チャネルにおいて，排他的に販売を行っているためブランドや価格のコントロールが効きやすく，小売などから顧客ニーズを吸い上げ，効果的なマーケティングにつなげることもできる。

⑹ 今後の市場トレンド

「キュレル」が対象とする「敏感肌」向け化粧品の市場トレンドは，「一時的流行」ではなく「本質的なトレンド」であるといえる。ブランド開始当時のみならず，化学物質の影響や地球環境の変化によって，人体への影響は今後ますます顕在化するものと考えられ，同ブランドが対象とする「敏感肌」の人口は世界中で増加する傾向にあると考えられる。特に，今後化粧品市場が成熟していくアジアを中心とした世界市場では，新たな「敏感肌」のニーズが次々と生まれることも想定され，今後さらに広がりのある市場であるといえる。

1.5 スキンケア・メイクの新しい技術イノベーションへの取組み

花王は2018年11月27日，「花王グループ・技術イノベーション説明会」を実施した。説明会では，昨今の社会課題を解決するために，花王自らがこれまでの研究資産を深耕するだけでなく，産官学などとも連携・協働し，未来の社会に貢献していくことが強調された。

また当日は，花王が注力する研究領域から，特に「皮膚」「健康」「毛髪」

「界面」「環境」の5つの領域における新技術が発表された。中でも，極細繊維による積層型極薄膜を肌表面に形成する「Fine Fiber（ファインファイバー）」技術は，専用のデバイスから噴き出る直径サブミクロンの極細繊維が，肌の上に，軽く，柔らかく，自然な極薄膜をつくる技術であり，透明で，境目もなく，つけていることがわからない，また，つけたところを動かしても違和感がないという。

花王は，「Fine Fiber（ファインファイバー）」技術と化粧品製剤を組み合わせることで，スキンケアやメイクなどの領域でこれまでの常識を超える新たな提案をめざしていくと宣言している。

1.6　花王グループのESGへの取組み

ESGとは，環境（Environment），社会（Social），ガバナンス（Governance）の頭文字を取った用語で，環境や社会課題解決，ガバナンスに関わる企業活動や，それらの分野に力を入れている企業を評価する際の指標として使われている。

花王は従来から「事業活動を通じた社会貢献」を謳い，決算説明会資料などでは，「SRI（Socially Responsible Investment，社会的責任投資）インデックス」および「CSR（Corporate Social Responsibility，企業の社会的責任）関連評価」を示してきた。さらに，ユニバーサルデザインへの取組みでもよく知られており，例えば，JISの「高齢者・障害者配慮設計指針－包装・容器」に実施ガイドラインが定められている，シャンプー容器の凸状のきざみを開発したことでも知られている。

2016年度以降の決算説明会資料では，ESG活動への取組みを明示しており，2017年度の説明会資料では，2018年の注力活動の筆頭に，「非財務活動（ESG活動）を，グループをあげて強化」すると掲げている。以降毎年，「企業価値向上のためのESGの取組み」について明示している。

例えば，詰替え製品によってプラスチック容器を削減するなどの取組みを行っている。1995年からの20年間で，業界全体の詰替え対応率が10％から79％

のところ，花王では2016年時点の詰替え対応率が84％と，業界平均を上回る水準を達成した。

その他，花王では，すべての事業活動において，CO_2排出量を削減するために，研究所や工場，物流拠点であるロジスティクスセンター，オフィスにおいて，「エネルギー使用効率の向上」と「低環境負荷エネルギーの利用」に取り組んでいる。その一環として，2019年２月には，栃木工場と豊橋工場で自家消費型太陽光発電設備を稼働させた。工場内で使う電力を自家発電でまかない，２工場４棟合計で，約1,100トンの二酸化炭素排出量を削減できる見込みと発表している。

このように花王は，環境配慮やユーザビリティの向上を通じてESG活動に積極的に取り組んできており，2030年までの国際社会共通の達成目標である「SDGs（Sustainable Development Goals，持続可能な開発目標）」や，今後必要とされる「CSV（Creating Shared Value，共通価値の創造）経営」において，先進的な企業であるといえる。SDGsに日本企業がようやく取組みを始めている中で，花王はESG活動を，企業価値を維持し，高めるためには最も重要な取組みと位置付けして，継続的に取り組んでいる。

2　花王グループのケーススタディ

2.1　ケーススタディの課題１

See テキスト 第２章　第２節

2.1.1　外部経営環境分析における顧客分析

本章では，花王でヘアケア製品のマーケティングなどを通じて見出された『スモールマス』という考え方を取り上げ，花王のヘアケアブランド「PYUAN（ピュアン）」を例に，顧客分析の実例を示した。

「顧客分析」に関して，人間には一人ひとりの個性や好みがあるため，マス市場にアプローチする場合は，同じようなニーズをもつ市場部分に分類する「セグメンテーション（市場細分化）」を行い，自社が主として狙う市場セグメントの中から，特定の顧客に絞り込む「ターゲティング」を行うのが一般的である。市場セグメントの分類基準には，テキストで解説した5つの特性が存在し，それぞれの特性に様々な要素を加味して分析する必要がある。

【ヒント】　特に，「ニーズ変化を捉えた継続的な商品リニューアル」と，図表4－5　新「PYUAN」の分析を参考にしてほしい。

2.1.2(1)　花王が1995年頃から取り組んでいるデジタルマーケティングとはどのようなものか，本章で取り上げた花王のヘアスプレー「ケープ」を例にあげて説明しなさい。

2.1.2(2)　デジタルマーケティングから，さらにスモールマスマーケティングへ展開が図られたが，「PYUAN」の事業事例で実行された対策を具体的に説明しなさい。

［1］顧客ターゲットとニーズ調査に基づいた製品ラインの方針

［2］顧客ターゲットにマッチングした広告戦略

2.1.2(3)　顧客ニーズのタイプは，次の5つに分類することができる［前テキストp.47］。花王が2019年に発売した新「PYUAN」について，顧客ニーズのタイプ（下記［1］～［5］，（　）は車を購入する際の顧客ニーズの例）別に対応させて，この製品の主なターゲットである20～30代女性にはどのようなニーズがあるかを述べなさい。

［1］明言されたニーズ（顧客は安い車を望んでいる）

［2］真のニーズ（顧客は初期の購入費だけでなく維持費の安い車を望んでいる）

［3］明言されないニーズ（顧客はディーラーから良いサービスを期待している）

［4］喜びのニーズ（顧客はディーラーが詳細な全国地図をプレゼントしてくれることを望んでいる）

［５］隠れたニーズ（顧客は友人から賢い買い物をしたと思われたい）

2.2　ケーススタディの課題２

See テキスト 第２章　第４節

2.2.1　外部経営環境分析における市場分析

本章では花王が1999年より乾燥性敏感肌ユーザー向けのスキンケアブランドとして展開する「キュレル」を例にあげ，製品分析と市場分析を行った。「キュレル」発売当初は「乾燥性敏感肌」という言葉が一般的ではなく，市場自体が存在していなかったが，花王はその高い研究開発力により，保湿成分「セラミド」の代替成分を開発するとともに，実際に乾燥性敏感肌の悩みを持つ顧客の声を積極的に取り入れ，皮膚科医や薬剤師・看護師との共同研究を行うことで，乾燥性敏感肌スキンケアの市場を創り上げてきた。このように，研究開発力や顧客分析に根ざした市場創造のあり方について分析を行った。

「顧客分析」と「競合分析」を基礎に置いて，自ら参入している市場または川下市場について戦略的な判断をするための分析として「市場分析」がある。「市場分析」では，テキストで説明する以下の６つの視点から，市場動向と関連市場の分析を行う。

【ヒント】　本章で「キュレル」について同様の分析を行っているので参考にしてほしい。

2.2.2　本章で取り上げた，花王の「Fine Fiber（ファインファイバー）」技術について，前テキスト「4.1　現在および潜在的な市場の魅力度の分析［pp.61～63］で説明している以下の６つの視点で市場分析を行いなさい。

［１］現在の市場規模と，潜在的な市場規模

［２］自社にとっての市場における成長性

［３］市場の収益性

［４］市場のコスト構造

［５］流通チャネル

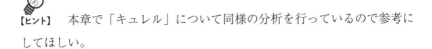

［6］今後の市場トレンド

2.3　ケーススタディの課題3

See テキスト 第5章　第2節

2.3.1　ビジネスモデル・イノベーションにおける「ビジネスモデルの定義と各種モデルのポイント」

事業活動の究極的な目的は「顧客創造」であり，それを実現するために「事業創造」がある。この「顧客創造」の実現に向けた第一歩として，顧客が他社との違いを認めてくれる独自の「顧客価値」の創造が不可欠になる。

花王は創業以来130年以上にわたり，ユニークで付加価値の高い製品を市場に提案し続けてきた。その源泉には，生活スタイルの変化や顧客ニーズの変化を先読みし，どのような製品が求められるかを生活者視点で考える姿勢がある。花王は，1934年の家事科学研究所の創業など，人々の生活や家事に着眼し，生活者の生の声を聞くことで，時代の変化に伴う人々のニーズの変化に応える製品を提案し続けてきた。創業以来のこの経営理念が企業風土として脈々と受け継がれていることが窺われる。

また，花王の強みは「本質研究の深化・融合によるイノベーション」であると明言しているように，地道な研究開発によって，例えば先に述べた「ロリエ」の高吸水性ポリマーや，「アタック」の繊維の奥の汚れに働きかける酵素のような固有の素材を開発し，新たな市場を創出する製品を提案し続けてきた。

そのような中で，2018年11月に花王が行った新技術発表会では，「皮膚」「健康」「毛髪」「界面」「環境」の５領域における新技術が発表され，特に極細繊維による積層型極薄膜を肌表面に形成する「Fine Fiber（ファインファイバー）」技術が注目を集めた。

そこでスキンケアやメイクなどの領域でこれまでの常識を超える新たな可能性を拓くこの技術について，発展研究の課題として取り上げる。花王の強みのポイントは，目先の利益に拘泥せず世の中の動きの先を見ている点があげられる。その一つの現れとして，同社が近年力を入れているESG活動がある。

2.3.2 (1) 花王のESG活動への取組みには何があるかを自ら調査研究し，具体的な事業内容や事例をあげて説明しなさい。

2.3.2 (2) 前テキスト第５章　第２節の「図表５－４　事業コンセプトおよびビジネスプロセスモデルと収益モデルの開発要件［pp. 190～192］」の中で，花王が目指しているのは，どのタイプの「収益モデル」または「ICTビジネス革新の各種タイプ」といえるのか考察しなさい。また，その理由を，花王の具体的な事業内容と対応させて説明しなさい。

【引用・参考文献】

花王グループ　ホームページ（閲覧日2019年４月22日）

花王株式会社有価証券報告書（閲覧日2019年４月22日）

花王統合レポート2018年（2017年12月期）（閲覧日2019年４月22日）

花王株式会社　2018年（平成30年）12月期決算説明会資料（閲覧日2019年４月22日）

共同通信PRWire（発表元：花王グループ・技術イノベーション広報事務局）「花王グループが，技術イノベーション説明会を実施　５つの新技術を発表」（2018/11/27）<https://kyodonewsprwire.jp/release/201811270772>（閲覧日2019年４月22日）

facebook business成功事例「花王　若い世代を取り込む仕掛けづくり」<https://www.facebook.com/business/success/kao-merit-pyuan>（閲覧日2019年４月22日）

花王経営史編集プロジェクト編『「絶えざる革新」―明日に受け継ぐ花王の精神―』（2003）

花王ミュージアム資料室編纂『花王120年：1890-2010年』（2012）

（石丸亜矢子）

良品計画

第5章　シンプルなデザインと暮らしの「無印良品・MUJI」グローバルブランド

―デザインマネジメントで「感じ良いくらし」のライフスタイル提供―

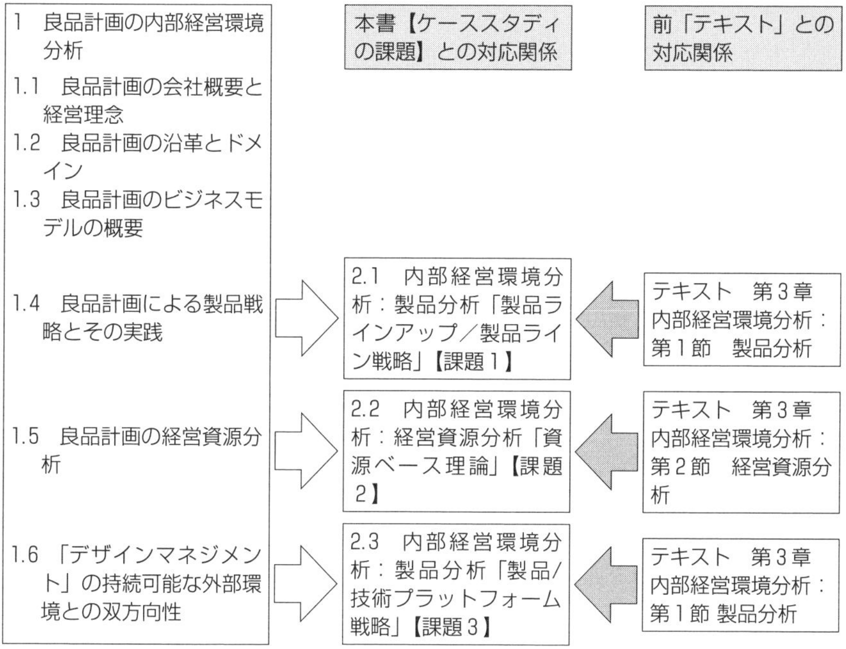

1　良品計画の内部経営環境分析
1.1　良品計画の会社概要と経営理念
1.2　良品計画の沿革とドメイン
1.3　良品計画のビジネスモデルの概要
1.4　良品計画による製品戦略とその実践
1.5　良品計画の経営資源分析
1.6　「デザインマネジメント」の持続可能な外部環境との双方向性
本書【ケーススタディの課題】との対応関係
2.1　内部経営環境分析：製品分析「製品ラインアップ／製品ライン戦略」【課題１】
2.2　内部経営環境分析：経営資源分析「資源ベース理論」【課題２】
2.3　内部経営環境分析：製品分析「製品/技術プラットフォーム戦略」【課題３】
前「テキスト」との対応関係
テキスト　第３章　内部経営環境分析：第１節　製品分析
テキスト　第３章　内部経営環境分析：第２節　経営資源分析
テキスト　第３章　内部経営環境分析：第１節 製品分析

出所：鈴木宏幸作成

1　良品計画の内部経営環境分析

【ポイント】

株式会社良品計画において，「無印良品・MUJI」は，商品企画・製造から流通・販売までを行う製造小売業のブランドである。良品計画のデザインマネジメント力に焦点を当てて，ブランドなきプロダクトブランドともいえる「無印良品・MUJI」の数々の商品を生み出してきた良品計画における，「経営×デザイン＝デザインマネジメント」とはどういうことなのかについて考えてみたい。そして，そのビジネスモデルを支える商品企画から開発，製造，販売に至る仕組みについて探究と考察をする。(本第5章のトップページ図表参照)。

良品計画のビジネスモデルは，“シンプル”なデザインによって，安くて品質の良い商品をデザインマネジメントの徹底を実践して，「感じ良いくらし」のライフスタイル価値を提供するものである。時代の潮流に流されず，経営理念を守り続け，ぶれずにイノベーションを起こし，生産工場は持たずに，商品企画・製造から流通・販売までを行う製造小売業である。そこでは，一貫したデザインコンセプトを保ち，かつ進化し続けて，「感じ良いくらし」を実現する企業活動を通じて，その資産を蓄積し続けている。

1.1　良品計画の会社概要と経営理念

1.1.1　良品計画の会社概要（2019年3月末日）

商号	株式会社良品計画（Ryohin Keikaku Co., Ltd.）
本店所在地	東京都豊島区東池袋4－26－3
設立	1989年6月（登記上　1979年5月）

資本金	67億6,625万円
連結売上高と利益（2019年２月末日）	
売上高	4,096億97百万円（良品計画グループ連結営業収益）
営業利益	447億円
経常利益	458億円
当期純利益	338億円
従業員数	19,370名（臨時従業員等 10,233名を含む／良品計画グループ）
代表者	代表取締役会長（兼）執行役員　金井　政明
	代表取締役社長（兼）執行役員　松崎　曉

業績の推移について，営業収益・店舗数の推移（図表５－１参照）および経常利益・親会社株主に帰属する当期純利益の推移（図表５－２参照）は以下のとおりである。

図表５－１　良品計画の営業収益・店舗数の推移

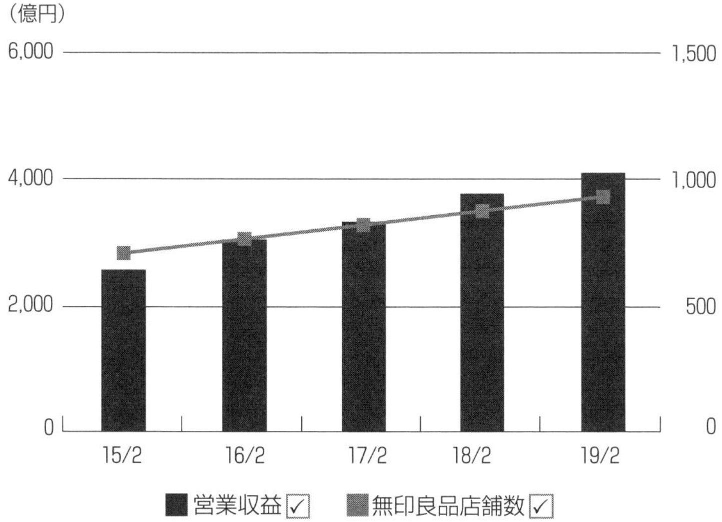

出所：「株式会社良品計画　IR情報　財務ハイライト」（2019/４/10）

図表5－2 良品計画の経常利益・親会社株主に帰属する当期純利益推移

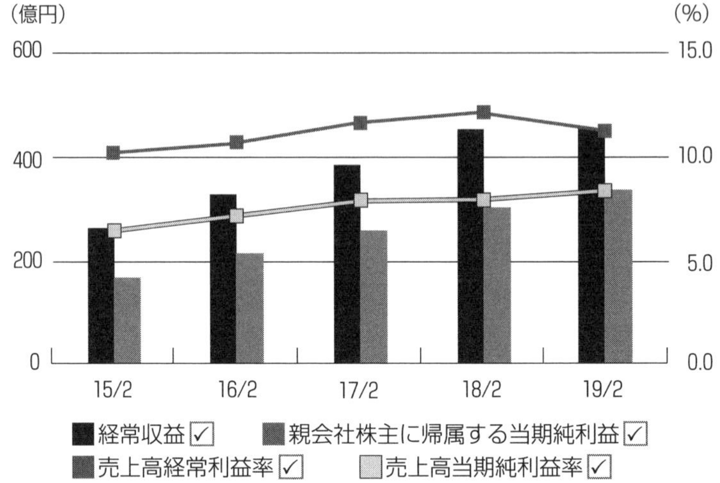

出所：「株式会社良品計画　IR情報」

1.1.2 良品計画の経営理念

以下に，良品計画のビジョン，企業理念，理想，そして社員に向けた行動基準を示す［良品計画　企業情報　企業理念，会社案内］。

⑴ 「良品」ビジョン

「良品」には，あらかじめ用意された正解はない。しかし，自ら問いかければ，無限の可能性が見えてくる。

⑵ 企業理念

① 良品価値の探求　Quest Value

「良品」の新たな価値と魅力を生活者の視点で探求し，提供していく。

② 成長の良循環　Positive Spiral

「良品」の公正で透明な事業活動を通じ，グローバルな成長と発展に挑戦していく。

③　最良のパートナーシップ　Best Partnership

仲間を尊重し，取引先との信頼を深め，「良品」の豊かな世界を拡げていく。

(3)　無印良品の理想

私たちは何のために存在しているのか

美意識と良心感を根底に据えつつ，日常の意識や，人間本来の皮膚感覚から世界を見つめ直すという視点で，モノの本質を探究していく。

そして「わけ」を持った良品によって，お客様に理性的な満足感と，簡素の中にある美意識や豊かさを感じていただく。

(4)　行動基準

1．カスタマー・レスポンスの徹底
2．地球大の発想と行動
3．地域コミュニティーと共に栄える
4．誠実で，しかも正直であれ
5．全てにコミュニケーションを

1.2　良品計画の沿革とドメイン

1.2.1　良品計画の沿革

無印良品は，「わけあって，安い」をキャッチフレーズとし，安くて良い品として1980年，株式会社西友の自社開発の経験を基に生まれた［良品計画　企業情報　沿革，会社案内］。西友のプライベートブランドとして40品目でデビューした「無印良品」は，現在では約7,000品目を展開するプロダクトブランドへと成長している。1989年に西友から独立した良品計画は，「無印良品」の企画・開発・製造から流通・販売までを行う製造小売業として，衣料品から家庭用品，食品など日常生活全般にわたる商品群を展開している。

無印良品は，1986年には海外生産調達（現地一貫生産）を開始し，翌年1987年から工場直接発注，独自流通ルートなど海外生産調達のノウハウを拡大していった。1989年に良品計画を別会社として設立し，翌年1990年に西友から「無印良品」の営業権を譲受した。

1998年に東京証券取引所市場第二部上場，2000年に東京証券取引所市場第一部指定となり，着実に成長を遂げてきた。

2003年以降，海外店舗として，シンガポール，マレーシアなど東南アジアを始め，イタリアなど欧州や米州に店舗を拡大していった。また，2013年以降，中東においても良品計画の事業がスタートし，クウェートやUAEにも出店した。2014年には，中国・成都に世界旗艦店「無印良品成都遠洋太古里」をオープンさせ，それ以降も着実に海外展開を拡大している。

また，2019年には，世界旗艦店「無印良品銀座」と無印良品・MUJI Diner・MUJI HOTELを銀座に同時オープンさせて，銀座の顔ともいえる存在施設も生み出している。

1.2.2 良品計画のドメイン

(1) 主な顧客

「感じ良いくらし」を実現することに共感する世界中の人々が主な顧客である。主な顧客は，「生活の基本となる本当に必要なものを，本当に必要なかたちでつくり，そのために，素材を見直し，生産工程の手間を省き，包装を簡略にしたことから，シンプルで美しい商品として活用すること」に理解を示している世界中の人々である。また，「シンプルなデザイン性を特長にしつつ，持続可能な社会を実現できるような活動」に理解を示している人々である。

(2) 主な商品および活動［無印良品ネットストア］

① 衣料品：婦人ウェア，婦人インナーウェア，紳士ウェア，紳士インナーウェア，靴下，靴，バッグ，服飾雑貨，MUJI Labo，伝統・知恵から生まれた服

② 子供・マタニティ：ベビー，キッズ，マタニティ・新生児，子供用品・家具・三輪車

③　家具・インテリア・家電：収納家具，ユニットシェルフ，収納用品，小物収納用品，テーブル・チェア，デスク・チェア，REAL FURNITURE，THONET，ベッド，布団・寝具，ソファ，ラグ／クッション／スリッパ，カーテン・ブラインド，インテリア用品，家電・照明

④　ヘルス&ビューティー：スキンケア用品，メイクアップ用品，ヘアケア／オーラルケア，ボディケア・入浴剤，エッセンシャルオイル／アロマポット，ポーチ／小分け容器

⑤　雑貨・日用品：食器，キッチン用品，タオル／バス／トイレ用品，ランドリー／掃除用品，文房具，アルバム，本／BGM，自転車，トラベル用品

⑥　食品：カレーレトルト，発酵ぬかどこ／乾物／調味料，冷凍食品，製菓材料，菓子，飲料

⑦　IDÉE：IDÉE¦ソファ，IDÉE¦テーブル，IDÉE¦チェア

⑧　その他：花／グリーン，産地直送，キャンプ場，MUJI SUPPORT，MUJI HOUSE VISION，家，募金券

(3)　主な展開

主な展開の状況は以下（図表5－3参照）のとおりである。

1.3　良品計画のビジネスモデルの概要

これまで述べてきたように，「デザインマネジメント」を実践貫徹することによって，以下のようにビジネスモデルを構築している。

(1)　経営戦略

良品計画は「無印良品・MUJI」ブランドを通じて，「感じ良いくらし」を実現できる使い勝手の良い「一番普通」の形を目指した“シンプル”なデザインによって，安くて品質の良い商品を「デザインマネジメント」の徹底を実践して，その“シンプル”な価値のライフスタイルを提供している。時代の潮流に流されず，理念を守り続け，ぶれずにイノベーションを起こし，実践し続けて

図表5－3　良品計画の組織拠点および店舗展開数

海外・国・地域別　MUJI店舗					
中国	229	ポルトガル	1	インド	4
香港	19	アイルランド	1	オーストラリア	3
台湾	45	スウェーデン	8	インドネシア	8
韓国	26	ポーランド	1	フィリピン	4
イギリス	12	アメリカ合衆国	15	クウェート	2
フランス	7	カナダ	6	UAE	5
イタリア	8	シンガポール	11	サウジアラビア	2
ドイツ	7	マレーシア	7	バーレーン	2
スペイン	6	タイ	16	カタール	2

日本国内店舗	
無印良品店舗	419
Café＆Meal　MUJI店舗	26
IDÉE店舗	9

出所：「株式会社良品計画　会社案内」を鈴木宏幸編集

いる。

(2)　事業活動

商品企画・製造から流通・販売までを行う製造小売業である。良品計画は商品企画を行い，店舗をもつが，工場生産は自ら行わない。

(3)　コア・コンピタンスの源泉

良品計画が理想として掲げる「私たちは何のために存在しているのか，美意識と良心感を根底に据えつつ，日常の意識や，人間本来の皮膚感覚から世界を見つめ直すという視点で，モノの本質を探究していく。そして『わけ』をもった良品によって，お客様に理性的な満足感と，簡素の中にある美意識や豊かさを感じていただく。」という強い志を，前述した「良品計画の経営理念」として対照させてその強い志の組織文化を醸成している。

⑷　広がっている無印良品の活動

身近な生活用品を製品ラインアップにしつつ，近年では，「MUJI HOTEL GINZA」やフィンランドでの自動運転バスへのデザイン提供，地方創生なども含めて，その事業ビジョンを実践する活動を拡大している。さらに，SDGsやサスティナビリティを実践する好循環型のビジネスモデルを実現している。

⑸　組織管理

デザインマネジメントを新たな能力として組織的に活用できるよう促し，全社的なデザイン戦略とコンセプトが組織全体のあらゆる活動として，一気通貫して，立案，実行されている。これは，組織の末端までの一人ひとりがその意味をよく理解して，強い組織エンゲージメントが成立しているからである。

⑹　ブランド

顧客にとっても，組織の内部社員にとっても，極めて簡潔明瞭でかつ納得性の高いプロダクトブランドを形成している。さらに，社内外に向けたブランドマネジメントの基軸を，デザインマネジメントを中核に据えている。

1.4　良品計画による製品戦略とその実践

1.4.1　良品計画による製品戦略

良品計画は，経営戦略の観点に立って全社的なデザイン戦略を立案，実行して成功に導くことという「デザインマネジメント」を実践している企業である。

良品計画は前テキストで取り扱った「製品戦略」を重視している企業である。すなわち，流行の市場動向や顧客ニーズに振り回されて製品を企画・開発することなく，むしろ，自社の想いと「感じ良いくらし」の提供価値を具現化したという，全社的なデザインマネジメントのもと，中長期を見据えた製品戦略ビジョンに基づいて製品開発計画を立案している。その上で全社的な製品開発組織による運営体制のもとで個々の製品開発プロジェクトを推進している。

以下は，良品計画の［会社概要］に掲載されている『商品開発について』を引用する。

「無印良品のものづくりの基本となる考え方は変わっていません。時代が変わっても，変わらない3つの視点，①素材の選択，②工程の点検，③包装の簡略化，を守りながら，“商品の原点を見直す”という姿勢で実質本位の商品をつくり続けています。」「無印良品が目指すのは，『これがいい』ではなく『これでいい』という理性的な満足感をお客様に持っていただくこと。つまり品質も価値も十分に『これでいい』という意味です。ただ，そこに若干含まれているかもしれない不満や妥協を解消して，自信に満ちた『これでいい』を実現していきます。」

無印良品は，『これでいい』を目指しているが，セゾン時代の創業の頃から，一貫したデザインコンセプトを保ち，かつ進化させている。良品計画においては，ブランドコンセプトを維持するために外部のクリエイターで構成された「アドバイザリーボード」が，大所高所から，事業会社の内部からはなかなか出にくい社会課題や解決方法を提案し，事業の方向性に寄与し，商品コンセプト・サンプル検討会・マーチャンダイジングが進められることが大きな特徴のひとつである。このようなデザインドリブンの牽引によって，経営に様々な影響を与えている。無印良品・MUJIのアイテムはいつも変わらずシンプルなことが特徴である。

1.4.2　良品計画によるデザインマネジメントの実践

デザインマネジメントの実践について以下に示す。

(1)　経営理念の浸透

未来もそうありたいと地球規模で見つめて，地球環境や社会課題さらにライフスタイルの解決ツールのひとつとしてデザイン力を活用する。社会や生活に対して貢献できれば，結果として売上や利益につながるという信念の浸透によって，業績不振から脱却した経営改革の際にも，基軸としてデザインマネジメントが働いている。

⑵　商品開発とローコストオペレーション

生活の基本となるシンプルな機能的デザイン商品とするために，素材の選択，生産工程のムダの省き，包装の簡略化，という時代が変わっても変わらない3つの視点を守りながら，“商品の原点”を見直すという姿勢で実質本位の商品をつくり続けている。また，ものづくりを支える体制として，業務の見える化／標準化，WH運動（生産性を2倍に！　無駄を半分に！）などのあらゆる業務内容について，シンプルな機能的デザイン商品を生産／販売するための業務改善に努めており，収益性や生産性に好影響を与えている。

⑶　調達・生産

一貫したデザインコンセプトを保ち，かつ進化させるために，商品開発担当者が素材調達先や工場に自ら足を運び，その実現に向けた製造工程や徹底した品質保持の実現に努めており，信頼性に好影響を与えている。

⑷　グローバル展開

ベーシックな商品で，簡素／簡潔，丁寧／繊細，調和というシンプルな特徴が，海外において新鮮でかつ日本らしさと捉えられ，受け入れられている。一方，海外デザイナーによる「World MUJI」や，世界各地で使われてきた日用品／民芸品を探して再編商品化する「Found MUJI」など，デザインコンセプトを進化させて，グローバル事業展開に寄与している。また，ここではデザインコンセプトは保ちながら，商品企画や店舗／販売スタイルは，ローカルに合せて対応している。

1.5　良品計画の経営資源分析

良品計画は，バーニー［2003］が資源ベース理論のポイントとして，「企業ごとに異質で，複製に多額の費用がかかる経営資源に着目し，それらの経営資源を活用することによって，企業は競争優位を獲得できる」としたことそのものを実践していると言える。企業が競争優位を獲得できるのは，移動障壁・参入障壁によって競争を回避するポジショニングだけに頼るのではなく，優れた経営資源を内部に保有しているからである。さらに，模倣されない経営資源を戦略的に蓄積することが競争優位を生み出すことになる。

まさに，良品計画は，セゾン時代の創業の頃から，一貫したデザインコンセプトを保ちかつ進化させて，「感じ良いくらし」を実現する企業活動を通じて，その経営資産を蓄積し続けてきている。良品計画では，現在の『これがいい』ではなく未来に向けて『これでいい』を目指しているシンプルなデザイン性に代表される，商品企画・製品開発・製造から流通・販売までの一貫した模倣されない組織資産・人的資産・物的資産・技術資産・イノベーション資産などを蓄積し続け，さらに常に進化を目指している。

組織のケイパビリティとしては，ビジネススピードの速さ，顧客対応のよさ，製品品質・サービス品質・信頼性の高さといった有効性や効率性につながる一連の能力が蓄積され，経営実践されている。このことは，内部の経営資源環境を強化することによって競争優位を生み出していることを顕著に示している。

この優れた「デザインマネジメント」を実践できる内部の経営資源の強さの源泉に関するポイントを以下にまとめる。

(1)　外部クリエイターによる「アドバイザリーボード」

ブランドコンセプト強化維持では，外部のクリエイターで構成された「アドバイザリーボード」の存在がある。このアドバイザリーボードのメンバーこそ，世界の第一線で活躍する超一流のクリエーターやデザイナーたちであり，少数精鋭の各専門分野のメンバーがデザインマネジメントの根幹を牽引している。

特に重要な点は，この「アドバイザリーボード」のアドバイスが，開発・生産・販売・サービスの各現場のあらゆる活動に反映されていることが，コーポレートブランド・コンセプトの継続した磨き上げにつながっていることである。

⑵　研究開発

「くらしの良品研究所」が社内研究の場として，顧客とコラボレーションしながら，良品である理由を常に点検し，新しい素材開発やライフスタイルなどにも目を向けている。くらしの良品研究所では，オープンWebを通して顧客と双方向コミュニケーションをとり，その投稿やアンケートの回答集計も公開して，ここから商品の見直しや，新しい商品企画のアイデアやサービスに努めようとしている。

⑶　商品企画・開発

良品計画は簡素さをもった「生活美」と，「安っぽい」の境目を見極めるために，代表取締役や役員が参加する公式会議体「商品戦略会議」で，企画・開発の方向性と次期開発商品計画の検討を行っている。

また，「World MUJI」プロジェクトから始まった，無印良品が海外で生まれたらどのようであったろうかという問いかけのもと，同じコンセプトで海外発の商品を企画・開発している。これには，欧州，米国，アジア各国で無印良品の考え方に共鳴する一流のデザイナーが匿名で商品企画に携わっている。

また，「Found MUJI」プロジェクトから始まった，世界各地の生活に根ざした優れた日用品を発掘して，無印良品の考え方で再編集や商品化も行っている。

良品計画は，「無印良品」ブランドの商品を通じて，ユニークなライフスタイルを提案している。そのユニークなライフスタイルとは，「感じ良いくらし」であり，商品企画・開発の基本は，生活の基本となる本当に必要なものを，本当に必要なかたちでつくるために，素材を見直し，生産工程のムダを省き，包装を簡略にして，シンプルで美しい商品として長く人々から愛されるように，商品の本質を見極め，商品の本質としてはレベルを高くし，本質ではないものを取り除くことによって顧客価値を創造している。本質的な機能において高品質，低価格になるような仕組みを構築している。

⑷ 生産・製造

自社工場はもたず，生産委託している。ここで重要な点は，一貫したデザインコンセプトを保ちかつ進化させるために，商品開発担当者が素材調達先や工場に自ら足を運び，その実現に向けた製造工程や徹底した品質保証の実現に努めていることである。商品開発担当者が強いこだわりをもって，素材や生産工程の点検や改善にも関与している。

また，グローバル各地域で海外生産比率の高い衣料・雑貨は，素材と生産地を集約し，生産をより計画的にすることで，海外各地の地域最適化と物流の集約化を図っている。商品調達と物流の効率化による原価低減によって，日常着として手にとりやすい価格の実現を図っている。

⑸ マーケティング・販売

商品タグや包装で，その商品の企画の意図やどのようにして低価格を実現したかを説明する工夫がなされている。また，各店舗においては，バックヤードを含めた店内の作業を標準化して作業量を減らし，店内で働く従業員に顧客サービスと商品説明の時間が割けるようにしている。

加えて，個々の店舗主体の店づくりを掲げて，自立した店舗が本部のサポートを活用し，感じ良い地域を創造し，地域を巻き込み，役に立つような仕組みを目指している。

商品政策とリンクした売場環境と什器の整備，ビジュアル・マーチャンダイジングの進化とともに，店員の販売スキルの向上（収納アドバイザー，スタイリングアドバイザー）を磨いている。特に，店員が良品計画の経営理念や企業活動に強く共感して専門性を磨いている点が強みである。

広告や販促のメディアは，WEB・SNS中心にシフトして，ソーシャル消費への取組みを図っている。

(6) サービス

例えば，各地域で活躍する人を招いたトークイベントや，良品計画の専門販売員によるワークショップを企画・開催しており，日本全国内における2017年度では，計約2,800回の開催に延べ約40,000名以上の参加者があった。このサービスは，地域交流のプラットフォームツールを担うことを目指している。

また，顧客のコミュニケーションツールとして，「MUJI passport」というスマートフォンのアプリケーションソフトによって，毎日，「感じ良いくらし」を実現するためのコンテンツを見てもらうような活動を目指して，新商品やイベント情報のみでなく，世界の「感じ良いくらし」の事例紹介や生活アイテムの提案などのコミュニケーションを顧客と双方向で進めている。

このように，良品計画は顧客の生の声や情報を吸収して，市場動向から顕在・潜在ニーズを的確に把握し，独自性と革新性のある商品を企画・開発して販売するという総合的なバリューチェーンで形成された優れた経営資源を内部に保有している。

このシンプルというコンセプトが経営に与えている影響は，いわば，ビジネスモデルの設計思想ともなっており，「企画・開発」「顧客価値／バリュー提供」「対象顧客づくり」「インフラ」「日々の業務活動」「外部パートナー」などそれぞれに一貫して研ぎ澄まされた仕組みになっている。

以上のような内部の経営資源環境を強化することによって競争優位を生み出している。

Column

企業内で保有している経営資源の特定や，それらが競争優位性を保っているのかを分析するための内部環境分析のフレームワークの１つとして，VRIO分析がある［バーニー］。著者の考察としては，良品計画のバリューチェーンのプロセスをVRIO分析すると以下であると考える（図表５－４参照）。

図表5－4 良品計画のVRIO分析

	Value（価値）	Rareness（希少性）	Imitability（模倣可能性）	Organization（組織）
①『市場機会の発見力』	◎	○	○	◎
②『新商品企画開発』	◎	◎	◎	◎
③『商品テスト』	◎	△	△	◎
④『生産/製造（外部委託）』	◎	△	△	◎
⑤『マーチャンダイジング/市場導入』	◎	◎	◎	◎
⑥『ライフサイクル管理』	◎	○	○	◎

出所：鈴木宏幸作成

ここで特筆すべきことは，Value（価値）およびOrganization（組織）がすべてのプロセスで，◎であると考えられること。さらに，②『新商品企画開発』および⑤『マーチャンダイジング／市場導入』のプロセスは，VRIOのすべてが◎と考えられる点である。これらの点こそ，良品計画において，前述のデザインマネジメントの特徴やビジネスモデルの強さの源泉に紐づいていると考えられる。

1.6 「デザインマネジメント」の持続可能な外部環境との双方向性

デザインマネジメントは，事業コンセプトにマッチしたデザインを新たな能力として組織的に活用するものである。ここではデザインを，企業における価値創造の仕組みとして広く捉え，製品やサービスのレベル，イノベーションへの応用，ビジネスモデルの構築などに統合したり，企業と市場や社会との関わりにデザインを活用したりする考え方へと，デザインマネジメントの担う領域が拡張している。

改めて，良品計画の経営活動の具体的な事例に対応づけて，「デザインマネジメント」の実践に向けて創意工夫されている点を以下に考察する。

(1)「人々の暮らしを良くする商品を日々考える」無印良品・MUJIのコンセプトに強く共感して，無印良品・MUJIが本当に大好きなデザイナーやマーチャンダイザーが日々，「感じ良いくらし」「シンプル生活」の実現に努めている。

(2)「世界の暮らしから学び，取り入れる」Found MUJIという，ものをつくるというよりは『探す，見つけ出す』という姿勢で生活を見つめて，永く，すたれることなく活かされてきた日用品を，世界中から探し出し，それを生活や文化，習慣の変化に合わせて改良し，適正な価格で再生している。

(3) 部門を超えたオープンなプロジェクトを自主的に立ち上げる「商品開発の場」がつくられる。ワイワイと部門を超えて話し合いながら商品づくりまでに至ることもよくある。

(4) 利用者と良品計画が会話のキャッチボールをする「市場機会の発見」は，市場定義やアイデア創出を中心とするのではなくて，顧客の声の収集が基本である。例えば，新商品のデザイン企画は，従来のマーケティングで行われていた商品ポジショニングやセグメンテーションを中心にするのではなく，アンケート分析結果やアイデア投票とコメント募集などの顧客との双方向キャッチボールが基本である。

(5) 普通の人々の家の中を徹底的に観察する「オブザーベーション（観察）」を行う。ごくごく一般の生活者を対象にして，ありのままを観察する。このとき，社員の家族にオブザーベーション（観察）を頼み，身内の普段の生活をさらけ出してもらって，発見の多いものにしている。

(6) 提供できた便益を数値で検証する「仮説・検証作業」として，定量的に検証することを重視している。「この商品を創ることによって，どのような便益を提供できるのか？」というKPIを設定する。また，「なぜ，予想以上に売れたのか？」，具体的には「どのよう外部要因や内部要因が働き，どの程度，影響したのか？」などの理由を究明する。

(7)『形』の意味を考える

商品の形状やスタイルにおいても常識を疑いながら，古今東西の知恵を集めている。「なぜこの形なのか？」，「なぜこのスタイルが最適なのか？」，ここにも無印良品・MUJIとして，商品の意匠デザインの『形』に独自性を創出できる特徴がある。

(8)　『制約』を入れて想像する

無印良品・MUJIであれば，これはアリで，これはナシだという制約（MUJIの価値基準）をもちながら，商品企画・開発に従事し，マーチャンダイジングに従事している。

(9)　偶然を必然にする

偶然なようで，後で考えると必然と考えられることは多い。偶然の出会いによって商品化が実現することもある。偶然の出会いを大事にして，ちょっとした問い合わせから大きな展開になりうることを大事にする。

良品計画におけるデザインマネジメントは，事業コンセプトにマッチしたデザインを新たな能力として組織的に活用するものであるので，それを実現するために，商品企画・販売環境・情報発信の整備を中心に活動している。それは，ある商品にとって本質的な機能は何であるかを追求し，それ以外の機能を加えない。製造工程，物流工程まで視野にいれて無駄を省くというビジネススタイルに特徴がある。

2　良品計画のケーススタディ

See テキスト 第3章　第1節

2.1　ケーススタディの課題1

2.1.1　内部経営環境分析：製品分析「製品ラインアップ／製品ライン戦略」

前テキストの「第3章　内部経営環境分析：1　製品分析」［p.81］の中で，「製品ラインアップ戦略」は，全社が対象とする市場セグメントごとに，どのような製品シリーズ群としての各種の「製品ライン」を取り扱って品揃えをするのか，そして全社としてどのような製品ポートフォリオマネジメントをするのかということを意味している。

次に，それぞれの「製品ライン」は，個々の市場セグメントに狙いを定める。

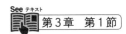

１つの製品ラインの中で，製品開発をする各製品シリーズ群は，特定の市場セグメントの顧客層を引きつけるように製品企画される。例えば，高価格，高性能の製品には，性能を強化して，余分に金を払ってくれる市場セグメント向けの「特性」をった製品ラインになる。

この製品ライン戦略では，各市場セグメントが求める製品のバリエーションを定義する特性として，例えば，機能，性能，品質，容量，パッケージなどのような項目によって，製品全体の差別化を図る。

2.1.2⑴　本書本章「1.2.2.　良品計画のドメイン」における「⑵主な商品および活動［無印良品ネットストア］」（p.110）を参考にして，良品計画の「製品ラインアップ戦略」が実現されてきた歴史的展開を自らの調査研究をして，それぞれの「製品ライン」にはどのような「特性」をもたせて品揃えをしてきたのか，を考察しなさい。

2.1.2⑵　前述の各種の「製品ライン」の中で，特に前テキスト「第１章　全社戦略：4.2　関連多角化における垂直的多角化ならびに水平的多角化と企業事例」［p.15～20］に関連して，複数の製品ライン間で「シナジー効果（相乗効果）」を引き出していると思える良品計画の「製品ライン」をそれぞれ選び，どのようなシナジー効果が相互の「製品ライン」に生み出されているのか，考察しなさい。

2.1.2⑶　前述の相互の「製品ライン」では，それぞれどのような市場セグメントの顧客層を引きつけるように製品企画されていたのか。そして，製品のバリエーションを定義するどのような特性をとらえて，それぞれの製品ラインの差別化をどのように図っているのかを，自ら調査研究をしなさい。

2.2　ケーススタディの課題２

See テキスト　第３章　第２節

2.2.1　内部経営環境分析：経営資源分析「資源ベース理論」

コリス&モンゴメリー［2004］は，企業が所有する経営資源の価値は，以下の３つの側面を含んだ競争環境と企業との間の相互作用の中に存在し，これら３つの側面が交わる部分において経営資源の「価値創造ゾーン」が生み出されると唱えている。

① 経営資源による顧客ニーズの充足：自社で蓄積してきた独自能力がある経営資源を有効に活用して，競合企業以上に顧客ニーズをより充足させる

② 経営資源の希少性：業界の中でその経営資源の供給が不足している状況にあり，しかも長期間にわたってその状況が継続すること。以下に示すような「模倣困難性」を包含させた経営資源をつくりあげていく必要がある。

・経営資源が物理的にユニーク，
・蓄積に経路依存性がある，
・何が価値ある経営資源なのか「因果関係の不明瞭性」が他者にわからないようにしておく，
・ある市場に競合他社が参入しようとしたときに複数の参入障壁を設けて断念させるように誘導すること。

③ 経営資源の専有可能性：自ら開発した経営資源から生み出される利益のほうが，「専有可能性」が高くなる。専有可能性のチェックとは，経営資源がもたらす競争優位が生み出した利益を，その企業自身が獲得できるかを判断すること。

2.2.2⑴ 本書本章「1.5 良品計画の経営資源分析」（p.116）では，「デザインマネジメント」を実践できる内部の経営資源の強さの源泉に関する以下のポイントが示されている。

⑴ 外部クリエイターによる「アドバイザリーボード」
⑵ 研究開発
⑶ 商品企画・開発
⑷ 生産・製造
⑸ マーケティング・販売

(6)　サービス

そこで前述の企業が所有する経営資源の3つの価値①②③に対して，良品計画の6つの強さの源泉ポイント(1)から(6)を，それぞれ層別しなさい（例えば，①に関連の深い，源泉ポイントを(1)から(6)を選びなさい）。

2.2.2(2)　次に，経営資源の3つの価値①に層別されたそれぞれの源泉ポイントについて，「①経営資源による顧客ニーズの充足」視点に対応させて，本文解説されている内部経営資源の内容を，説明し直しなさい。

2.2.2(3)　経営資源の「②経営資源の希少性」ついて前記と同様のことを行いなさい。

2.2.2(4)　経営資源の「③経営資源の専有可能性」ついて前記と同様のことを行いなさい。

2.3　ケーススタディの課題3

See テキスト 第3章　第1節

2.3.1　内部経営環境分析：製品分析「製品/技術プラットフォーム戦略」

前テキストの「第3章　内部経営環境分析：1　製品分析」［p.81～］の中で，「製品プラットフォーム」とは，複数の製品ラインに共有化される場合や，それぞれの製品ライン内の一連の製品群に対する製品設計について，全製品のユニークな特徴を決める基本構造（Architecture）のことである。製品プラットフォームは，単なる個別技術ではなく，またそれらの単なる組み合わせでもない。それ自体が多様な技術を包括したシステムであり，製品ラインや製品群の全体的な製品の枠組みを規定してしまう。製品プラットフォームの開発には多様な部門や企業間での知識やノウハウが結集される。さらには，製品プラットフォーム自体の技術レベルは簡単に見えるものではない。様々な知識やノウハウが組織的に統合化された総合技術といえる。

製品プラットフォームの事例として，パーソナルコンピュータ（PC）の製品構成は，筐体，電源，メモリ，ディスクドライブ，モニター，インターフェイスなどのハードウェアや，OS（オペレーショナルソフト）やマイクロプロセッサなどのソフトウェアからなっている。その中でも，特に，OSとマイクロプロセッサとの組み合わせ方が，PCの製品プラットフォームに相当することになり，これから中期にわたって製品展開していく製品ラインに包含されるPC製品全体の差別化を決づけることなる。

一方，「技術プラットフォーム」は，複数の製品ラインや一連の製品群を横断して，各種の製品を開発する際のベースとなる中核的な技術（「コア技術戦略」とも呼ばれる）といえる。

例えばシャープでは，液晶技術をコア技術として位置づけ，技術開発とそのための集中的投資を継続して，そのコア技術を進化し続けてきた。さらに，それのコア技術をなるべく多くの製品開発に応用することを徹底してきた。例えば，そのコア技術を，電卓，ワープロ，携帯用ビデオカメラ，PC，液晶TV，カーナビへと製品展開して利用している。

2.3.2(1)　前述した本書本章「1.5　良品計画の経営資源分析」(p.116) における良品計画の「デザインマネジメント」の記述内容の中で，以下に示した内部経営資源のポイントが，良品計画の「製品プラットフォーム戦略」をつくり上げていることを想定して，読者に分かりやすくストーリー性を備えた解説文章を作成しなさい。

①　ブランドコンセプト強化維持：「無印良品・MUJI」のプロダクトブランドマネジメントと，その仕組み

・「これでいい」を探求するシンプルで美しい商品：意匠デザイン（形，スタイル）

・ユニークなライフスタイルとしての「感じ良いくらし」

②　研究開発と，その仕組み

③　商品企画と，その仕組み

④　以上の裏づけとして，例えば本書本章「1.4.2　良品計画によるデザインマ

ネジメントの実践」（p.114）ができる組織資産・人的資産・物的資産・技術資産・イノベーション資産などを蓄積し続け，さらに常に進化を目指していること。

2.3.2(2)　前述した本書本章「1.5　良品計画の経営資源分析」（p.116）における良品計画の「デザインマネジメント」の記述内容の中で，以下に示した内部経営資源のポイントが，良品計画の「技術プラットフォーム戦略」をつくり上げていることを想定して，読者に分かりやすくストーリー性を備えた解説文章を作成しなさい。

⑤　商品開発と，その仕組み
⑥　生産・製造と，その仕組み
⑦　マーケティング・販売と，その仕組み
⑧　サービスと，その仕組み

2.3.2(3)　本書本章『1.6 「デザインマネジメント」の持続可能な外部環境との双方向性』（p.120）で示した経営行動は，前述した［１］製品プラットフォーム，［２］技術プラットフォームに，それぞれの充実に役立っているのみでなく，外部環境と双方向で交流・交信することで，進化し続けられる仕組みづくりに貢献している。

そこで，本書本章『1.6 「デザインマネジメント」の持続可能な外部環境との双方向性』（p.120）の記述内容(1)から(9)までのそれぞれの経営行動は，（１）の①から④，または（２）の⑤から⑧のうち，どれに関連づけて進化を狙った「デザインマネジメント」の経営行動なのか。(1)から(9)までについて，それぞれ①から⑧までに対する関係性を示した後で，その理由も説明しなさい。

【引用・参考文献】

・株式会社良品計画　<https://ryohin-keikaku.jp/>　閲覧日2019/５/15
・MUJI良品計画　<https://www.muji.net/store/>　閲覧日2019/５/15

・無印良品　くらしの良品研究所　<https://www.muji.net/lab/>　閲覧日2019/ 5 /15
・株式会社良品計画　会社案内2019
<https://ryohin-keikaku.jp/corporate/pdf/2019_jp.pdf>　閲覧日2020/ 4 /21
・「良品計画IR情報決算説明会資料」2019年 2 月期期末決算
<https://ssl4.eirparts.net/doc/7453/ir_material_for_fiscal_ym1/63119/00.pdf f>
閲覧日2019/ 5 /15
・「良品計画IR情報決算説明会資料」2018年 2 月期期末決算
<https://ssl4.eirparts.net/doc/7453/ir_material_for_fiscal_ym1/47535/00.pdf>
閲覧日2019/ 5 /15
・「良品計画IR情報決算説明会資料」2017年 2 月期期末決算
<https://ssl4.eirparts.net/doc/7453/ir_material_for_fiscal_ym1/36872/00.pdf>
閲覧日2019/ 5 /15
・「良品計画IR情報　アニュアルレポート」第39期
<https://ssl4.eirparts.net/doc/7453/ir_material_for_fiscal_ym2/52420/00.pdf>
閲覧日2019/ 5 /15
・「良品計画IR情報　アニュアルレポート」第38期
<https://ssl4.eirparts.net/doc/7453/ir_material_for_fiscal_ym2/39948/00.pdf>
閲覧日2019/ 5 /15
・「無印良品ネットストア」<https://www.muji.com/jp/ja/store>　閲覧日2020/ 4 /21
・株式会社良品計画（2018）『MUJIが生まれる「思考」と「言葉」』角川書店
・松井忠三（2015）『無印良品が，世界でも勝てる理由 世界に“グローバル・マーケット”は，ない』角川書店
・日経デザイン（2015）『無印良品のデザイン』日経BP社
・キャスリーン・ベスト（2008）『デザインマネジメント デザインをビジネス戦略に活かす基礎知識』美術出版社
・J. B. バーニー著，岡田正大訳（2003）『企業戦略論［下］全社戦略編』ダイヤモンド社。
・デビッド・J・コリス&シンシア・A・モンゴメリー著，根来龍之・蛭田啓・久保亮一訳［2004］『資源ベースの経営戦略論』東洋経済新聞社（David J. Collis and Cynthia A. Montgomery［1998］, “CORPORATE STRATEGY: A Resource-Based Approach,” The McGraw-Hill Companies, Inc.）

（鈴木宏幸）

第6章 グローバルニッチ企業の差別化戦略
—技術開発力と設備内製化で加工工具のシェアトップを狙う—

1 オーエスジーグループの内部経営環境分析	本書【ケーススタディの課題】との対応関係	前「テキスト」との対応関係
1.1 オーエスジーグループの会社概要と経営理念		
1.2 オーエスジーグループの事業領域		
1.3 オーエスジーグループの製品戦略と技術戦略	⇒ 2.1 内部経営環境分析：製品分析「製品プラットフォーム戦略」【課題1】	⇐ テキスト 第3章 内部経営環境分析：第1節 製品分析
1.4 グローバルニッチ：オーエスジーグループの差別化戦略 1.5 一気通貫で顧客価値創出に向けたバリューチェーンの構築 1.6 中期経営計画にみるオーエスジーグループの成長戦略	⇒ 2.2 内部経営環境分析：製品分析「技術プラットフォーム戦略」／競争戦略：製品戦略の3つのタイプ「製品技術戦略」【課題2】	⇐ テキスト 第3章 内部経営環境分析：第1節 製品分析 第4章 競争戦略 第7節 製品戦略の3つのタイプ

出所：上岡恵子作成

1　オーエスジーグループの内部経営環境分析

【ポイント】

オーエスジーグループは，金属に穴あけや切削加工を行う工作機械の先端に取り付ける刃物（加工工具）であるタップ，ドリル，エンドミル，転造工具などを，先端技術を用いて製造するグローバルニッチ企業である。

1938年に創業し，タップ，ダイスの製造販売を開始して以来，顧客ニーズに対応した多種多様な製品の中で，特に「共通性がある製品を標準品化し，カタログ製品として製品ラインアップを体系化して提供してきた。一方，カタログ製品では対応できない，顧客ごとに異なる特別仕様での個別製品の開発，製造も行っている。

顧客に寄り添いニーズに応えるために，営業だけでなく設計開発部署のスタッフが顧客へと足を運ぶ。加工工具の刃先の形状開発と，さらに工具を製造する生産設備の内製化開発も行い，コーティング工程（金属などの表面に硬質セラミックなどで薄膜をつくること）を自社の中で一貫して行うことにより，顧客ニーズにベストフィットのものをあらゆる組み合わせから提供することができる。顧客へ早く届けるために市場がある場所にグローバルに進出する。

これらの結果，オーエスジーグループの主要製品のタップは，グローバルでNo.1シェアを誇っている。さらに長期経営ビジョンでは，タップ以外のエンドミル，ドリル，転造工具を含めた主要製品の世界シェアトップを目指している。

このように顧客に寄り添い，独自の技術開発力と設備内製化で加工工具のグローバルシェアトップを目指すグローバルニッチ企業となるために，オーエスジーグループは，本書第６章のトップページ図表に示したような差別化戦略をとっている。

1.1　オーエスジーグループの会社概要と経営理念

1.1.1　オーエスジーグループの会社概要

オーエスジーグループは，連結売上高1,300億円，連結従業員7,000名の穴あけ加工用工具を製造・販売する中堅メーカーである。特にタップは世界シェア約3割を占め，No.1を獲得している（2018年11月末時点）。

世界33ヵ国に製造・販売・技術サポート体制をもち，うち17ヵ国に製造拠点をもっている（図表6－1参照）。主に米州，欧州，アフリカ，アジアにグローバルに製造拠点や現地法人を設立し，資本提携を行いながら事業を拡大した。

地域別売上構成は，日本は41.6％，米州は17.4％，欧州・アフリカは16.5％，アジアは24.5％であり，海外売上高比率が50％を超える。

【会社概要】

会社名	オーエスジー株式会社
本社所在地	〒442-8543　愛知県豊川市本野ケ原三丁目22番地
設立	1938年3月26日
資本金	121億24百万円
売上高	連結　131,368百万円／単独　59,442百万円（2018年11月期）
従業員	連結　7,020名／単独　1,811名
代表取締役社長	石川　則男

【事業概要】

切削工具・転造工具・測定工具・工作機械・機械部品の製造販売，工具の輸入販売

1.1.2　オーエスジーグループの経営理念と経営基本方針

経営理念（社是・社訓ということもある）は，会社や組織が存在する意義や使命などの価値観を示し，社員の求心力になるだけでなく，社員の行動規範や意思決定の前提となる。また，経営理念は，社外に対しては会社のブランディング構築や信頼構築につながるものである。経営理念は，創業者や社長が，会社に託す「思い」を表現したもののため，抽象的な表現が多い。

経営基本方針は，経営理念を実現するための具体的な行動方針を示す。この

図表6－1〉 オーエスジーグループの海外ネットワーク

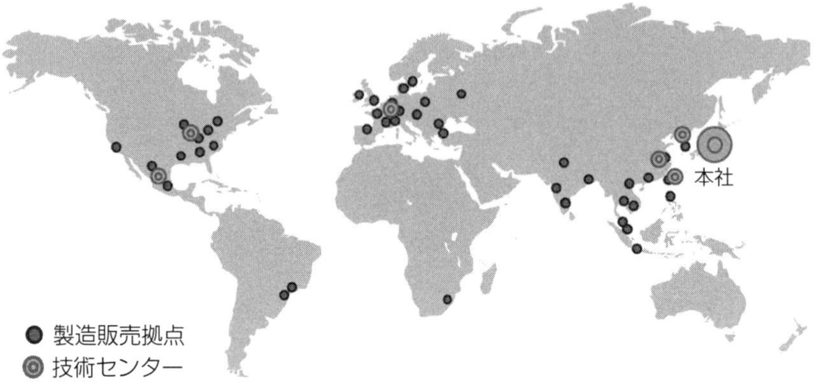

出所：オーエスジーグループホームページ 「一目でわかるOSG」主要製品

ような意味をもつ，オーエスジーグループの経営理念，経営基本方針は次のように示されている。

⑴ 地球会社

「総合工具メーカーとして，人々のくらしに欠かせない様々な製品づくりに携わり，世界33ヶ国に製造・販売・技術サポート体制を築いて参りました。今後もさらに地球規模で事業を展開し，世界のものづくり産業に貢献いたします。」

⑵ 経営基本方針

「企業は社会の公器であることを常に自覚し，顧客に喜ばれる製品を提供します。

社員には，職場の適正配置と生活の向上を図ります。

株主には適正な安定配当を行うように努めます。

社会的な信頼を高めつつ堅実な経営を行い，世界的企業に発展するように努めます。」

1.2　オーエスジーグループの事業領域

1.2.1　オーエスジーグループの製品　穴加工切削工具

オーエスジーグループは，金属に穴あけや切削加工を行う工作機械の先端に取り付ける刃物（穴加工切削工具）を製造・販売する，製造設備用の加工工具メーカーである。製造・販売する主要製品は，タップ（金属加工において穴の内側にねじを刻むために用いられる工具），ドリル（回転する切削チップや往復運動するタガネにより穴をあけるための道具），エンドミル（側面の刃で切削し，軸に直交する方向に穴を削り広げる道具），ダイス（円筒形の棒や管の内側に溝を切る道具）などである（図表６－２参照）。特にタップは世界シェアNo.1を獲得している。

金属加工を行う工作機械は，その先端に設置する刃物なくして穴加工を行うことはできないだけでなく，刃物の材質，刃先の角度，刃先のコーティング技術などが穴加工の品質に大きく影響する。生産設備用の加工工具メーカーの中でもオーエスジーグループは，加工精度が高く，品質がよい穴加工ができる加

図表６－２　オーエスジーグループの主な製品

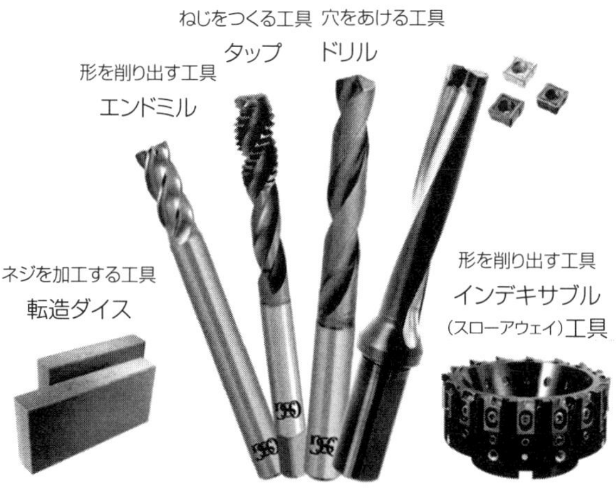

出所：オーエスジーグループホームページ　「一目でわかるOSG」主要製品

工工具を製造・販売していることが特徴である。

1.2.2 オーエスジーグループの対応産業

オーエスジーグループの顧客を産業別に見ると，自動車産業（50％超），一般産業（精密部品・金型など）（40％程度），航空宇宙産業（10％超）である（割合は，2018年11月末現在）。

日本の製造業の基幹産業ともいえる自動車産業では，１車あたり約３万点の部品があるといわれている。自動車の安全性，品質を支える部品加工に，オーエスジーグループの加工精度が高く，品質がよい穴加工ができる加工工具が用いられ，自動車産業はオーエスジーグループの産業別売上のトップを占めている。また，製品の外観の優劣や品質，性能などを左右する重要な要素である金型の製作には厳しい基準があり，加工する工具にも高精度・高品質なだけでなく，多様な形状が加工できるバリエーションが求められる。これに対して，オーエスジーグループでは多様な製品バリエーションで応え，一般産業（精密部品・金型など）は自社の産業別売上の第２位を占めている。

自動車産業に次ぐ産業別事業の柱として航空宇宙産業を位置づけている。

航空宇宙産業では切削工具の加工精度は，航空機の機体部品の品質や信頼性に直結する。そのため，機体部品の難削材の加工技術，加工精度が高い加工工具へのニーズは高く，オーエスジーグループに適した産業である。そこで，オーエスジーグループは，航空機産業が盛んな欧米に進出し，チタン，炭素繊維強化プラスチック（CFRP）など採用が拡大する難削材の加工技術を打ち出し，航空機の部品加工を担う中小加工業者に従来から使用している加工工具からの変換を促した。その結果，同社連結売上高に占める航空機向け比率は約１割だが，米国に限れば２割を超える。また，航空機の部品加工を担う中小加工業者は地場工具メーカーとの関係が深いため，地場工具メーカーの取引先の中小加工業者とのパイプを生かすことを狙って地場工具メーカーの買収も進めている。直近３年間で，航空機関連の欧米企業４社を傘下に収めた。

このような事業展開の基礎にあるのは，世界の航空機産業との関係性構築である。「航空機産業のトレンドがわかる」（石川社長）とイギリスにある産学連携の航空機研究機関「AMRC」に2013年に参加して，2015年には80社以上の参画メンバーの中で20社ほどの中心メンバーである「ティア１」に昇格した。日本の切削工具メーカーの中でティア１はオーエスジーグループだけである。

1.3　オーエスジーグループの製品戦略と技術戦略

1.3.1　オーエスジーグループの製品戦略

製品戦略の立案では，その製品の特徴となる基本構造（「製品プラットフォーム」という）と，製品を開発する際のベースとなる中核的な技術（「技術プラットフォーム」という）をどのように組み合わせれば，全社のドメインのニーズに訴求できるのか，または，今はない新しい価値を創造できるのかを検討し，製品ラインアップ戦略を立案している。

次に，その製品ラインアップ戦略の体系のもとで，全社的な製品開発計画を立案し，それぞれの市場セグメントにマッチングする個々の製品ライン戦略を展開している。

オーエスジーグループの主要な加工工具の基本構造は，ネジ山を刻むねじ部，その先端の食い付き部，削りくずの通る溝部，ホルダーで保持するシャンク（柄）部の４つの部位で構成されている（図表６－３参照）。加工対象や加工条件などにより，タップやドリルなどの製品種類が変わり，さらに材料や，コーティング方法が変わってくる。

加工工具開発・製造の中核的技術は，加工工具の刃先の形状開発，これを製造する生産設備の開発，コーティングからなる加工工具開発・製造の技術である。

オーエスジーグループでは，加工工具の基本構造，中核的技術を組み合わせて，顧客とのコミュニケーションを通しながら顧客が求める加工対象や加工条件に適した製品を開発・提供することで製品数を増やしてきた。また，比較的共通性がある製品は標準化してカタログに掲載し，短期間，比較的安価で入手できるようにしている。

図表6－3　主な製品の基本構造

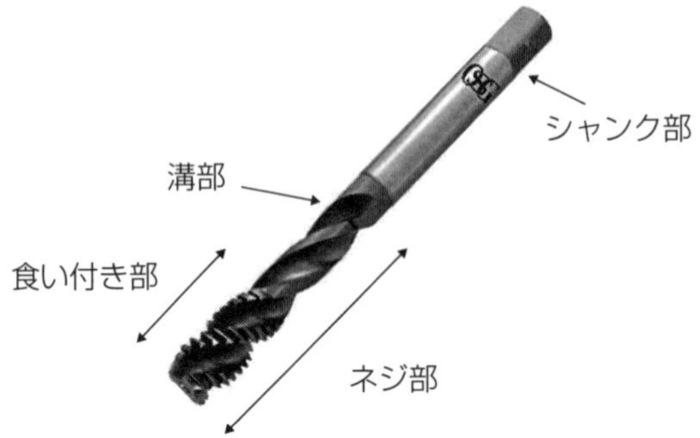

出所：オーエスジーグループの製品に対して上岡恵子が用語説明を付記

1.3.2　オーエスジーグループの技術戦略

中核的技術は，競合企業よりも技術的な優位性が長期間にわたって維持されていること，しかも応用範囲が広いことが求められる。そのため，自社のコアコンピタンスを生かした選択と集中による技術開発と重点投資が必要になる。また，このようなコアコンピタンスはアウトソーシングせず，内製して技術のブラックボックス化をしていくべきである。

オーエスジーグループの中核的技術は，加工工具の刃先の形状開発とこれを製造する生産設備の開発，コーティングからなる加工工具開発とそれらの製造技術である。この中核的技術に関わる業務プロセスは自社の中で独自に一貫して行っている。また，加工工具開発と製造の中核的技術への継続的な投資を行っている。その結果，顧客が求める高品質な加工工具の開発・提供を効果的，効率的に実現でき，他社に対して強みとなる技術力を社内で継続的に醸成・蓄積している。さらに，高度な顧客ニーズへの対応を繰り返すことで，継続的な中核的技術の蓄積を行い高付加価値製品の供給での差別化を強化している。

1.4　グローバルニッチ ――オーエスジーグループの差別化戦略

加工精度が高く，品質がよい穴加工ができる加工工具を製造するために，オーエスジーグループでは，加工工具製造のための独自の技術開発，加工対象や加工条件を決める顧客ニーズの製品への取り込み，最適な加工工具の選択を可能にする選定支援，購入した加工工具を用いて継続的に高品質な作業を行えるようにするグローバルな拠点でのアフターサービスを実現する戦略とプロセスを構築している。本節ではオーエスジーグループがグローバルニッチを実現している技術戦略，製品戦略，顧客戦略について説明する。

1.4.1　製品一気通貫での内製化によるコア技術の醸成と蓄積による技術戦略

工作機械の先端に取り付ける刃物（加工工具）は，材料，刃先形状，コーティングの組み合わせによる総合技術によって製品化され，加工できる材料（被削材）や形状，コーティングの選択により，加工精度・性能が変わってくる。そのため加工工具を製造する際の中核的な技術は，工具の材料となる丸棒の製作，丸棒を工具に加工するための生産設備の運営管理，工具の耐久性を高めるコーティング，そしてこれらの組み合わせにある。

オーエスジーグループでは，加工工具の刃先の形状開発と，これを製造する生産設備の内製化開発，コーティングを自社の中で独自に一貫して行っている。この自社内の部門連携により顧客が求める高品質な加工工具の開発・製造・提供を効果的に実現し，他社に対して強みとなる総合技術力を社内で醸成・蓄積している。これらの実務を繰り返すプロセスを通して，実践知と技術ノウハウを蓄積していくことで，高付加価値製品の供給により差別化を強化している。

このようなオーエスジーグループの独自の技術開発力について，技術開発を管轄する大沢二朗常務は「(工具の材料となる丸棒の製作，丸棒を工具に加工する生産設備，工具の耐久性を高めるコーティングを内製化することで）一気通貫でベストフィットのものをあらゆる組み合わせからもってくることができる。これがうちの一番の強みでしょう。」と語っている（図表6－4参照)。

図表6－4　オーエスジーグループの独自の技術開発力の３つの柱

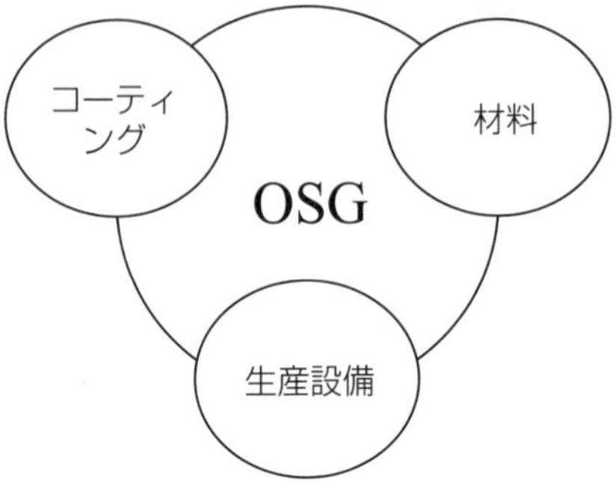

出所：オーエスジーホームページ，企業情報OSGの強みから上岡恵子作成

また，イギリスにある産学連携の航空機研究機関「AMRC」への参加，産学連携による研究開発を主体的に行い，新たな事業の柱に据えたい産業領域のトレンドの把握や，新たな研究テーマの設定，技術蓄積の機会につなげている。

このような中核的技術を用いて世界市場におけるシェア拡大を目指し，国際競争力のある製品を開発するために，基礎研究から応用研究に至るまで積極的な研究開発活動を行い，106期（2018年度）の連結会計年度の研究開発費として，総額16億１千万円の投資を行っている。

1.4.2　マーケティングを取り込んだ製品戦略

穴切削用加工工具はニッチな領域で，専門性が高い製品であるため，加工精度・性能が大きく影響する刃物部分の製造技術シーズ側の視点から，製品化を行うことが少なくない。しかし，オーエスジーグループの製品戦略は，図表6－5に示すように顧客の潜在ニーズを製品に取り込み，顧客とのコミュニケーションを通して顧客が求める製品を開発・提供している。

また，製品ラインアップ戦略では，顧客とともに開発した製品の中で比較的共通性がある製品は，標準化してカタログに掲載し，短期間，比較的安価で入手できるようにしている。

さらに，カタログに掲載されている製品で顧客が求める生産性や品質を得ら

図表6－5　オーエスジーグループの事業コンセプト

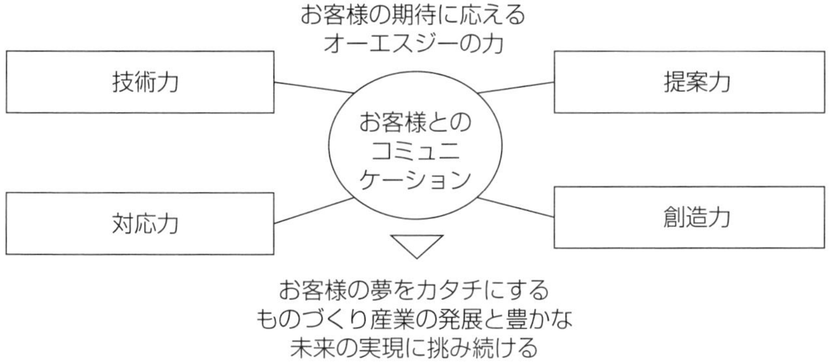

出所：オーエスジーホームページ，企業情報　ツールコミュニケーション

れない場合には，カタログ製品のカスタマイズを行い，それでも対応できない顧客の独自仕様がある場合には，顧客仕様での製品の企画から製造，販売を，営業所や流通拠点のセールスエンジニアが対応して提供している。

1.4.3　製品選定，アフターサービスの顧客戦略

材料ごとに設計図面や仕様を変えていくタップは，カタログも膨大な数に膨んでおり，1つの加工工具を選定するにも時間がかかる。タップ以外でも，カタログに掲載されている製品は，ドリル，エンドミル，ダイスなど品種，加工精度やサイズなどにより多くの刃物の仕様があり，顧客が求める加工を行う最適な刃物を選びだすことが非常に難しい。

そのため顧客が最適な製品を容易に手にすることができるように，営業は顧客の要望を聞き最適な製品選定のコンサルティングを行っている。また，営業が顧客を回り，欲しい加工工具の相談にのることに加えて，設計開発部署の160名ほどのスタッフもこまめに客先に足を運ぶという。「現地現物主義を掲げ，起きている事象を担当のエンジニアがしっかり把握して，問題解決を迅速に行う。世界各地でそれを徹底しています（大沢常務）」。

営業が顧客の要望を聞き最適な製品選定のコンサルティングを行い，設計開

発部署のスタッフが客先に足を運ぶことは，迅速な問題解決にとどまらず，顧客の潜在ニーズを収集し，独自の技術開発とそれを用いた新製品開発の善循環を形成していると考えられる。

また，膨大な製品群から製品を選びやすくするために，カタログアプリの提供をWebで行い，ホームページの閲覧が多い内容，加工工具の選定条件となる下穴の深さの計算方法や，タップ加工の送り速度算出法など相談が多い内容を，「加工相談FAQ」としてホームページに掲載している。

購入した加工工具を用いて継続的に高品質な作業が行えるように，営業所のセールスエンジニアがどのような加工に使用しているのか，加工工具の状態はどうかを確認し，必要な時にはオーエスジーグループで再研磨・再コーティングを行うアフターサービスを行っている。さらに，オーエスジーグループ以外の他社製品の再研磨・再コーティングの相談にものっている。製品のシェアを拡大し，市場や顧客の近くで販売やサポートを行うことができるように多数の製造販売拠点や技術センターを設置し，グローバル展開を行っている。

1.5　一気通貫で顧客価値創出に向けたバリューチェーンの構築

1.5.1　顧客価値を創出するバリューチェーンによる顧客サービスの充実

オーエスジーグループでは，顧客の潜在ニーズを製品に取り込みながら，共通性がある製品を標準品としてカタログ製品化を行い，短期間で，比較的安価に顧客が求める加工工具を提供できるようにしている。一方，カタログ製品では対応できない加工ニーズに対しては個別の製品企画・開発を行うことで，顧客ニーズに応えている。

多種多様で膨大なカタログ製品の中から，様々な加工条件に対応させて最適な製品を選定できるようにするために，ホームページに検索しやすいカタログや加工相談FAQを掲載している。そこで最適な加工工具を選定できない場合にはセールスエンジニアによる選定支援も行っている。

購入した加工工具を用いて継続的に高品質な作業を行えるように，必要なときにはオーエスジーグループの製品に対して再研磨・再コーティングを行うアフターサービスを行っている。さらに，オーエスジーグループ以外の製品についての相談も受け付けている。

このように，オーエスジーグループでは，製品開発からアフターサービスまで一気通貫した顧客価値創出に向けたバリューチェーンを構築し，そのバリューに絶えず顧客からのウォンツを取り込むことにより，中核的技術を醸成・蓄積・進化し，継続的な差別化の強化を行う学習ループを形成している。

1.5.2 バリューチェーンのステークホルダーとの関係性構築

オーエスジーグループの差別化戦略の基軸として，ステークホルダーとの関係性構築を据えている。製品を購入する顧客に対しては，最適な製品の選択支援，顧客仕様に対して最適な製品の個別対応，常に最適な加工品質を提供するためのアフターサービスを行っている。

今後シェアを拡大したい航空機産業については，炭素繊維強化プラスチック（CFRP）などの採用が拡大する動向を受けて，それらの難削材に向けた新たな加工技術への対策を打ち出している。また，航空機部品の中小加工業者（サプライヤー）に対して，オーエスジーグループとその製品の信頼関係を醸成し，既存の加工工具からの乗換えを促している。また，それらのサプライヤーが，密接な関係をもつ地場の加工工具メーカーの買収を行い，サプライヤーとのパイプを強化している。

以上のように，バリューチェーンの中で，上流プロセスや，中流プロセス（自社の開発・製造・販売など），下流プロセスに関わる各種のステークホルダーとの関係性構築を強化して，オーエスジーグループを無くてはならない存在と位置づけて，持続可能なバリューチェーンマネジメントを実践している。

1.5.3 選択と集中によるスピード経営

オーエスジーグループでは，中核的技術は自社の中で蓄積し，ブラックボックス化している。一方，グローバルでの販売やサポートの拡充では，自社で1から拠点を設置するだけでなく，M&Aを継続的・効果的に行い，経営スピードを上げている。

このように，差別化要因として自社の中で蓄積し，強化すべきもの（中核的技術）と，スピードを上げるためにM&Aや資本提携を行うもの（グローバル拠点）に経営資源の選択と集中を行い，すべてを自社で保有しないことで，スピード経営を実践している。

1.6 中期経営計画にみるオーエスジーグループの成長戦略

1.6.1 オーエスジーグループの業績

オーエスジーグループは，図表6－6で示すように104期に落ち込みがあるものの，105期からは回復し，2018年度は売上高1,300億円，営業利益率17.1％である。また，図表6－7が示すように，オーエスジーグループでは海外売上高比率が50％を超えている。

図表6－6 オーエスジーグループの業績ハイライト（年度ごとの推移）

業績ハイライト（連結）

		103期	104期	105期	106期
		2014/12/1 ～ 2015/11/30	2015/12/1 ～ 2016/11/30	2016/12/1 ～ 2017/11/30	2017/12/1 ～ 2018/11/30
経営成績	売上高（百万円）	111,917	105,561	120,198	131,368
	営業利益（百万円）	21,597	18,246	19,137	22,520
	営業利益率（%）	19.3	17.3	15.9	17.1
	経常利益（百万円）	21,510	17,813	19,144	22,567
	当期純利益（百万円）	12,518	10,134	13,993	14,710

出所：オーエスジー株式会社の有価証券報告書（103期～106期）より上岡恵子作成

図表6－7　オーエスジーグループの地域セグメント別売上高の推移

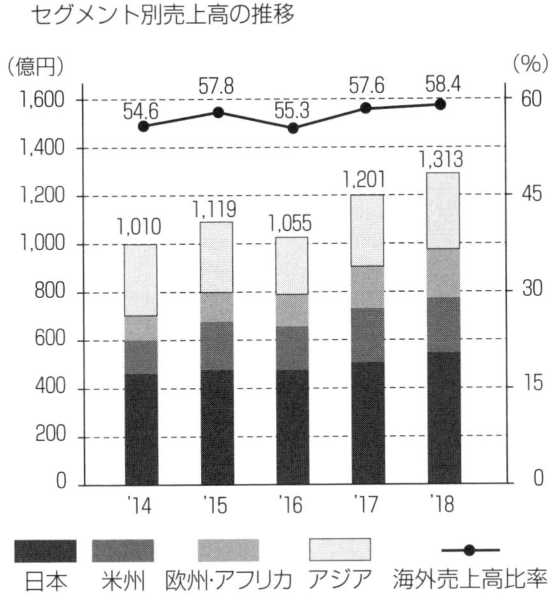

出所：オーエスジーホームページ　企業情報・プロフィール

1.6.2　オーエスジーグループの成長戦略

オーエスジーグループの2017年度～2020年度中期経営計画「The Next Stage17（2017年11月策定)」では次のような目標を掲げている（図表6－8参照)。

長期ビジョンとして「世界トップの穴加工用切削工具メーカー」としてタップ，エンドミル，ドリル，転造工具の主要製品の世界シェアトップの座を獲得し，営業利益率20％を実現する。そのために中期経営目標では2020年11月期The Next Stage 17（2017年11月期～2020年11月期）に売上高1,500億円，営業利益300億円を達成することを目標としている。これを実現するための基本戦略は大手ユーザの開拓，カタログ製品戦略である。

大手ユーザ戦略の3つの柱は，自動車産業に注力，航空機産業を自動車産業

図表6－8 オーエスジーグループ中期経営計画　The Next Stage17

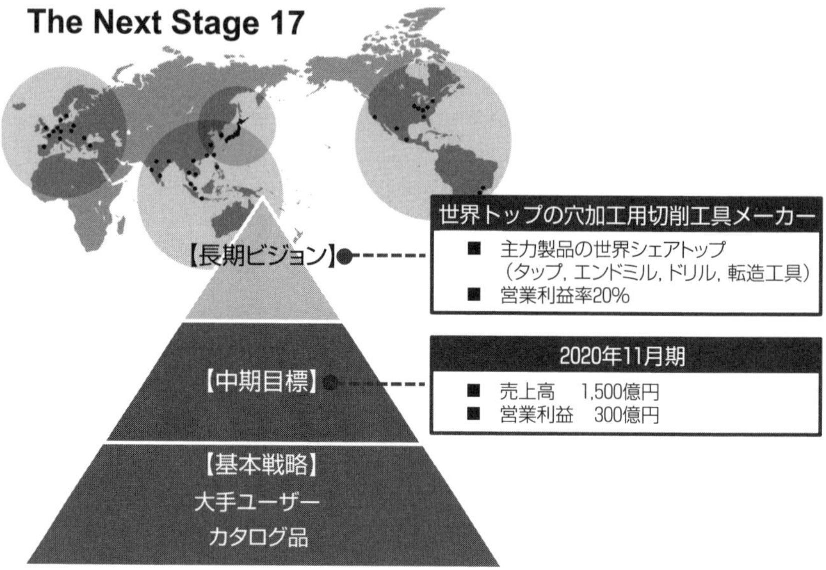
The Next Stage 17
世界トップの穴加工用切削工具メーカー
【長期ビジョン】
■ 主力製品の世界シェアトップ
（タップ，エンドミル，ドリル，転造工具）
■ 営業利益率20%
2020年11月期
【中期目標】
■ 売上高　1,500億円
■ 営業利益　300億円
【基本戦略】
大手ユーザー
カタログ品

出所：オーエスジーグループホームページ　企業情報・中期経営計画
The Next Stage 17（2017年11月期～2020年11月期）

に次ぐ柱にする，成長分野（医療分野など）の新規大手ユーザの開拓を行う，である。そのために，「常にユーザに寄り添い，ニーズにあった工具と加工方法の提案を行う」こととし，納期対応力とコスト競争力の両立，テクニカルセンターの拡充，M&A（買収企業とのシナジー最大化）を掲げている。

カタログ製品戦略では，「一般機械加工や金型産業などの世界中のより多くの顧客へ」「コストパフォーマンスにすぐれた工具をタイムリーに提供し，顧客の生産性向上に貢献する」こととし，超硬の製品ラインアップの拡充，流通組織A-Clubを世界中で展開，在庫政策と物流体制のさらなる強化を掲げている。

2　オーエスジーグループのケーススタディ

2.1　ケーススタディの課題1

See テキスト 第3章　第1節

2.1.1　内部経営環境分析：製品分析「製品プラットフォーム戦略」

テキストの「第3章　内部経営環境分析：1　製品分析」[p.81] の中で，「製品プラットフォーム」とは，複数の製品ラインに共有化される場合や，それぞれの製品ライン内の一連の製品群に対する製品設計について，全製品のユニークな特徴を決める基本構造（Architecture）のことである。

2.1.2 (1)　オーエスジーグループは，中堅メーカーでありながら，グローバルニッチ戦略をとって競争優位性を獲得・維持できている理由を以下の観点から示しなさい。

［1］企業概要に関する事業内容，顧客の業界と業種，それらの売上比率

［2］生産活動をする顧客側にとって，一般の工作機械を使用する以上に，その工作機械の先端に付ける刃物（加工工具）を適切に選択・使用することのほうが難しい理由

［3］生産活動をする顧客／ユーザ側にとって，刃物（加工工具）メーカー側からのサポートを必要とする理由

［4］オーエスジーグループが取り組んでいる顧客戦略（【ヒント】本書本章「1.4.3　製品選定，アフターサービスの顧客戦略」(p.139)）

2.1.2 (2)　オーエスジーグループにとっての「製品プラットフォーム戦略」に関する以下の問題に取り組みなさい。

［1］オーエスジーグループが取り扱っている主要な加工工具の基本構造を示しなさい（【ヒント】：本書本章「1.3.1　オーエスジーグループの製品戦略」(p.135)）

［2］前述の加工工具の基本構造はその他の加工工具メーカーについても同様

であり，そのままでは差別化はできない。そのことを踏まえた上で，オーエスジーグループは，なぜ「製品プラットフォーム戦略」の競争優位性を獲得・維持できるのか考察しなさい（【ヒント】：本書本章「1.4.2　マーケティングを取り込んだ製品戦略」(p.138)，「1.5　一気通貫で顧客価値創出に向けたバリューチェーンの構築」(p.140)）

2.2　ケーススタディの課題 2

See テキスト　第 3 章　第 1 節／第 4 章　第 7 節

2.2.1　内部経営環境分析：製品分析「技術プラットフォーム戦略」／競争戦略：製品戦略の 3 つのタイプ「製品技術戦略」

前テキストの「第 3 章　内部経営環境分析：1　製品分析」[p.81] の中で，「技術プラットフォーム」とは，複数の製品ラインや一連の製品群を横断して，各種の製品を開発する際のベースとなる中核的な技術といえる。

さらに，前テキストの「第 4 章　競争戦略：7　製品戦略の 3 つのタイプ」[p.169] の中で，「製品技術戦略」とは，特定の技術分野に集中することによって，「コア技術戦略（模倣されない独自の技術）」をベースとして，多様な新製品を次々と開発・導入することに結びつける。なお，模倣されない技術とは，通常は時間をかけて学習効果を積み上げてきた優位性のある技術のことである。

2.2.2 (1)　オーエスジーグループにとっての「技術プラットフォーム戦略」について記述しなさい（【ヒント】：本書本章「1.3.2　オーエスジーグループの技術戦略」(p.136)，「1.4.1　製品一気通貫での内製化によるコア技術の醸成と蓄積による技術戦略」(p.137)）。

2.2.2 (2)　オーエスジーグループが，持続可能および進化し続ける「製品技術戦略」を実現できている理由について考察しなさい。その際，前述した「製品プラットフォーム戦略」に関連づけることと，顧客とのコミュニケーションを重視して独自の技術開発とそれを用いた新製品開発の善循環を形成していることに配慮しなさい（【ヒント】：本書本章「1.4　グローバルニッチ－オーエスジーグループの差別化戦略」(p.137),「1.5　一気通貫で顧客価値創出に向けたバリューチェーンの構築」(p.140))。

【資料提供の謝辞】

オーエスジー株式会社　顧問　園部幸司氏

【引用・参考文献】

オーエスジー株式会社,「宇宙時代も見据えて進化を続ける工具の老舗」, 日本機械学会誌, Vol. 121, 2018.8 (https://www.jsme.or.jp/kaisi/1197-24/, 閲覧日2019年8月9日)

ニュースイッチ「欧米の工具メーカーを立て続けに買収したOSG, 背景にボーイングあり」, 2018.04.22 (https://newswitch.jp/p/12711/, 閲覧日2019年8月9日)

オーエスジーホームページ (https://www.osg.co.jp/index.html, 閲覧日2019年8月9日)

（上岡恵子）

東急グループ（東急株式会社）

第7章　ライフスタイルとワークスタイルのイノベーション

―次世代の街づくり戦略を考える―

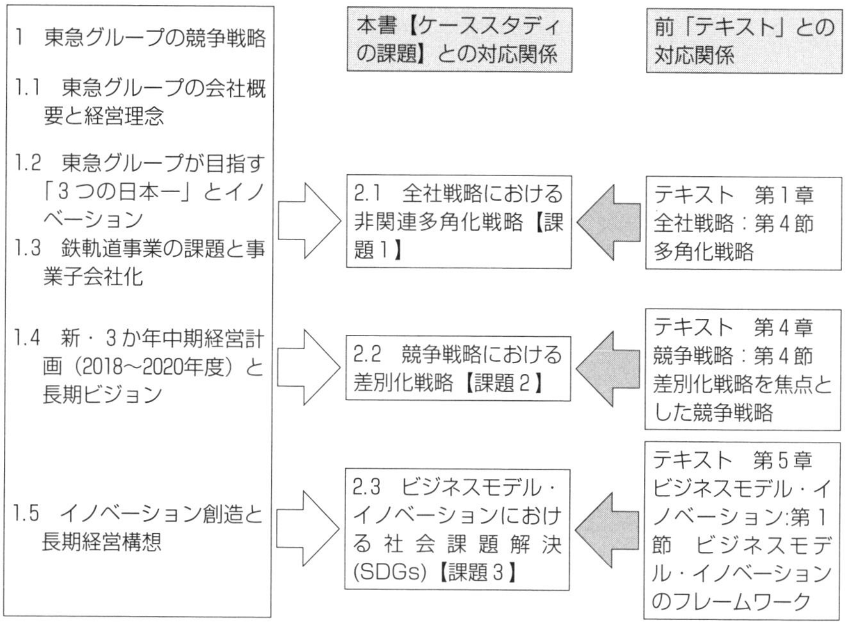

出所：村井淳作成

1　東急グループの競争戦略

【ポイント】

東急グループの中核会社である東急電鉄は，1918年設立の「田園都市株式会社」の鉄道部門「目黒蒲田電鉄」を母体として発足し，2019年３月31日時点で，232社５法人（株式会社上場６社）から構成され，多様な事業を営んでいる。

東急電鉄株式会社は，グループの中核企業として，鉄軌道事業を基盤とした「街づくり」を事業の根幹に置きつつ，長年にわたって都市生活者のライフスタイルやワークスタイルの創造（イノベーション）を目指してきた。都市開発関連に加えて，その他の事業部門として，生活サービス事業，リテール事業，ホテル・リゾート事業，国際事業などを展開している。

東急電鉄は，2019年９月２日に社名を新生「東急株式会社」と変更した。同時に鉄道事業は会社分割方式で新設の100％子会社「東急電鉄」に10月１日付けで移行し，東急株式会社は開発を主軸とする「街づくり」に特化した事業持ち株会社となった。

1.1　東急グループの会社概要と経営理念

1.1.1　東急グループの会社概要

社名：　　東急株式会社（2019年東急電鉄株式会社から商号変更）
会社設立：1922年９月２日
代表取締役社長・社長執行役員　髙橋和夫
本社：東京都渋谷区南平台町５－６
（連結指標：2020年３月期）
売上高　　11,642億円
経常利益　　709億円

純資産額　 8,096億円
総資産額　25,371億円
自己資本比率　29.8％

Column

東急株式会社の全体戦略と東急グループの非関連多角化戦略

東急グループを構成する企業の多くは，東急株式会社の連結子会社であり，多角化によるグループ会社マネジメントが同社の全社戦略のカギを握る。東急グループの非関連多角化戦略の特色は，その収支構造に顕著に表われている。

【セグメント別営業収益比率（2019年３月期)】
交通：18%，不動産：17%，生活サービス58%，ホテル・リゾート８％
【同営業利益比率】
交通：36%，不動産39%，生活サービス21%，ホテル・リゾート４％

収益構造としては，沿線でのリテール事業を柱に生活サービスの比率が高いが，利益率ではコア事業といえる交通・不動産事業の比率が高い。

一般に鉄道会社グループにおける事業展開は，関連事業における非関連多角化の好事例である（図表７－１参照）。鉄道の開通・延伸により沿線開発が進み，沿線人口が増加すると多様な生活関連事業の需要が高まる。沿線の生活価値向上を目的として，ストアなどの商業施設の開業や，病院などの公的施設の誘致，さらには飲食サービス事業やCATVなどの通信事業が拡大する。沿線の魅力が高まると交通旅客が増加し，ターミナル駅の利用者も増える。すなわち，生活価値の向上という目的を軸に，事業間のシナジー効果が生まれる。

次にビジネスモデルとして，鉄道会社における成長戦略・多角化の特徴は何であろうか。街づくり事業，あるいは鉄軌道事業においては，投資規模が比較的大きく，事業期間が長期にわたるプロジェクトを多く抱えるため，長期間にわたりコア事業の収益を確保・安定化させることが戦略構築の前提となる。

鉄軌道事業は，多くの利用客からの運賃が収入（キャッシュ）として入ることから，これが次の事業資金のベースとなる。事業継続のための投資を促進する安定的な原資となる。この財務的裏付けが鉄軌道事業者に長期的な視点での経営の安定をもたらすのである。

図表7－1　東急グループの長期経営構想（全体図）

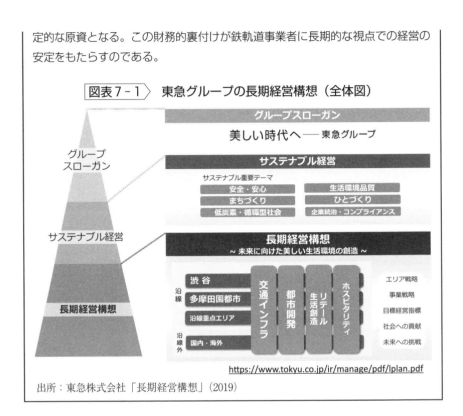

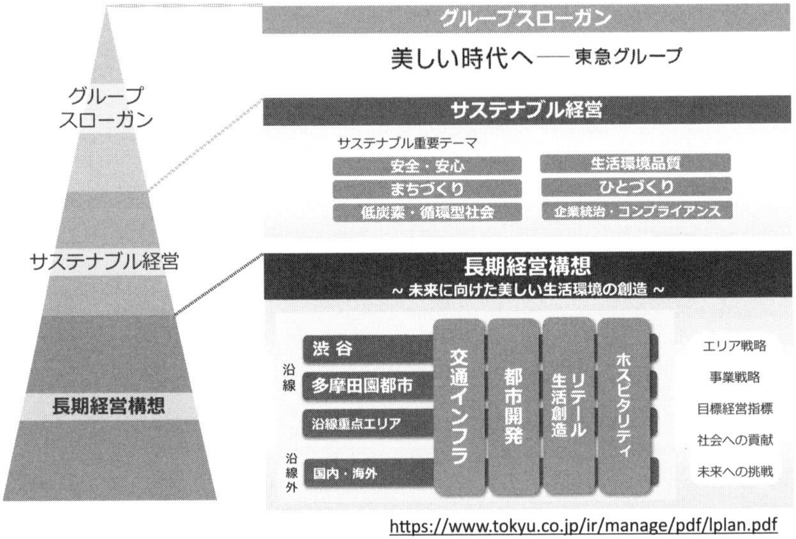

出所：東急株式会社「長期経営構想」(2019)

1.1.2　経営理念

(1)　東急グループのスローガン　―美しい時代へ―

「美しさ」―それは東急グループの，次の時代に向けた「道しるべ」であり，価値基準である。同社が求める「美しさ」とは，人，社会，自然が調和したなかで，国を超え，世代を超え，一人ひとりの心に深い感動を呼び起こすありようのことである。東急グループは，洗練され，質が高く，健康的で，人の心を打つ「美しい生活環境の創造」を自らの事業目的と据え，その実現に全力で取り組んできた。

「美しい時代へ」には，自ら美しくあり続ける覚悟と，美しい生活環境を創る先駆者になる東急グループの決意が込められている。

⑵　東急グループの経営理念

東急グループでは，次に示す経営理念を共有することで，社員がグループを共につくり支える「志」を持つことを定めている。

①　存在理念

美しい生活環境を創造し，調和ある社会と，一人ひとりの幸せを追求する。

②　経営理念

自立と共創により，総合力を高め，信頼され愛されるブランドを確立する。

・市場の期待に応え，新たな期待を創造する。
・自然環境との融和をめざした経営を行う。
・世界を視野に入れ，経営を革新する。
・個性を尊重し，人を活かす。

以上をもって，企業の社会的責任を全うする。

③　行動理念

自己の責任を果たし，互いに高めあい，グローバルな意識で自らを革新する。

⑶　「ひとつの東急」としてのブランドマネジメント

「東急」ブランドの価値最大化を図るため，東急電鉄（現・東急株式会社）は，2000年４月に策定した「東急グループ経営方針」において，実行施策のひとつである「グループマネジメントの整備」の中にブランドマネジメントを位置づけた。そして2003年４月からは，本格的にブランドマネジメントを「選択と集中」の流れの中で経営手法としても導入してきた。

「東急」というブランドは，グループ経営における重要な経営資源である。それは，東急グループの提供するサービスに企業の別はなく，顧客から「東急さん」と呼ばれることが示している。

「東急」ブランドはグループのコーポレートブランドとして位置づけられ，ブランドマネジメント上は，親会社である「東急株式会社の所有物」とされている。よって，グループ各社はブランドを使用する際にはグループ代表による審査と承認が必要となる。グループ各社はブランド使用に責任をもつとともに，各社の企業規模などに基づき，ブランド運営料を東急に支払うことが義務付けられている。運営料はブランドのマネジメントやプロモーションの原資となる。

「東急」ブランドは，「お客さまへの約束」と定義されており，お客様の期待に応え，つねに新しい視点でお客様に高い生活品質を提案することを意味する。同時にブランドマネジメントの観点から，グループ会社のマネジメントにおける評価基準ともなっている。

1.1.3 東急グループのこれまでの100年の歴史

1918年　起源となる「田園都市株式会社」（代表者：渋沢栄一）が設立。
　　　　洗足，田園調布地区などの街づくりを開始。

1922年　田園都市株式会社の鉄道部門が分離し「目黒蒲田電鉄」が発足。

1936年　五島慶太が取締役社長に就任。

1942年　東京急行電鉄に社名変更。

1942～48年　小田急電鉄，京浜電気鉄道（現在京浜急行電鉄）などと合併。

1953年　東急不動産を電鉄から独立させて発足。
　　　　城西南地区（現・東急多摩田園都市）開発構想を発表。

1954年　五島昇が取締役社長に就任。

1961年　伊豆急行，伊東～伊豆急下田間が開通。

1977年　新玉川線渋谷～二子玉川園間が開通。

1984年　五島昇社長が日本商工会議所会頭に就任。

1989年　五島昇社長死去。

1990年代後半から「選択と集中」戦略のもと，子会社の再編が続く。

2000年　「東急グループ経営方針」を発表。

2001年　セルリアンタワー，グランドオープン。

2010年　高層複合ビル・東急キャピトルタワー竣工。

2011年　二子玉川に大型ショッピングセンターを開業。

2012年　渋谷再開発を皮切りに「渋谷ヒカリエ」を開業。

2016年　国管理空港民営化一号案件，仙台空港の運営を開始。

2019年　社名を「東急株式会社」に変更。
　　　　11月に渋谷開発の中心となる「渋谷スクランブルスクエア」東棟，
　　　　郊外型複合商業施設「南町田グランベリーパーク」が開業

1.2　東急グループが目指す「３つの日本一」とイノベーション

東急電鉄の沿線には，渋谷をはじめ自由が丘，二子玉川，横浜などいくつかの個性豊かな街が存在し，2015年には東急沿線に530万人を超える顧客が暮らしている。この沿線こそが東急グループが展開するビジネスの基盤となっている。東急グループは将来を見据えて，その目指すべき姿として，「選ばれる沿線であり続ける」と「ひとつの東急」という２つのビジョンを掲げている。

東急株式会社取締役会長・野本弘文は，2011年４月に社長に就任した当初から，このビジョンを具体化するイメージとして，東急グループが目指すべき「３つの日本一」という目標に表現した，成長戦略を展開している［JAPAN VALUE，2017］。

中長期的な目標として，「日本一住みたい沿線であり続けること」「渋谷を日本一訪れたい街にすること」「日本一働きたい街を二子玉川につくること」を掲げている（図表７－２参照）。ここで東急グループが本当に目指していたものとは，ライフスタイルやワークスタイルのイノベーションまでも推進し，これからの日本にとって，真に価値ある街とは何なのかを徹底的に考え抜き，それを実現することである。そのために，社員自らの働き方も変革させていこうとしている。街づくりを通じて，日本ばかりではなく，世界に誇れる街を創造し，日本全体の価値を高めたいと考えている。

1.2.1　東急沿線を「日本一住みたい沿線」にする

東急沿線は，駅施設の充実はもとより，教育レベルの高い教育機関や医療機関も充実していて，子育てがしやすく，暮らしやすい街として高い評価を受けている。このような東急沿線をさらに「日本一住みたい沿線」にするためには，「安心」に加えて，「便利」と「快適」な価値を加えていく必要がある。例えば，

図表７－２　東急グループの長期ビジョン

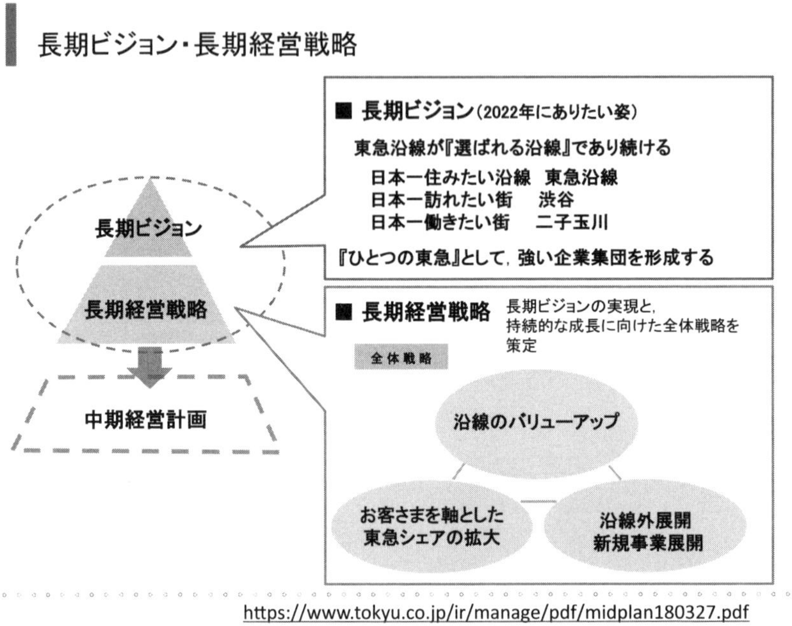

出所：東急電鉄株式会社「中期３か年経営計画2018-2020」（2018）一部修正

子供からシニアまで沿線で暮らす幅広い顧客層が利用できるウエルネス事業やフィットネスクラブなどは，これらの価値を生み出していく生活サービスだと考えられる。

また，駅直結の学童保育施設や，交通やリテール，生活サービスといった「東急グループが一体となった総合事業」の取組みが重要になる。

このような沿線でのサービスが充実すれば，東急沿線に住みたいと思う顧客が増加し，やがて鉄道や不動産などの主力事業にも結びつく。したがって，「住みたい沿線，日本一」を目指すためには，短期的な利益にとらわれることなく，長期的な視点に立った「ひとつの東急」として総合的な事業に取り組むことが大切だと考えられる。

1.2.2　東急グループの本拠地である渋谷を「日本一訪れたい街」にする

東急グループでは，渋谷エリアにおいて，2012年に開業した「渋谷ヒカリエ」に続いて，渋谷駅を中心として大規模な再開発プロジェクトを進めており，新しい街づくりコンセプト「エンタテイメントシティ SHIBUYA」へと変貌させようとしている。渋谷エリアでは，ファッションはもちろん，Bunkamuraをはじめとする文化施設，ライブハウスの数は日本一といわれ，数多くの映画館など，実に多彩なエンタテイメント機能が集結している。「エンタテイメント（Entertainment）」とは，そもそも「enter（〜の間）」＋「tain（保つ）」が語源といわれ，人と人との間をとりもつのに「エンタテイメント」が鍵になることから，渋谷ならではの文化の魅力を深掘りして独自の価値を創造していくことを目指している。

また，渋谷エリアでのビジネス動向に目を向けると，渋谷にはITやクリエイティブなどの新分野の企業が集積するという特徴がある。今後は，この集積がさらに加速するようなビジネス機能の充実を図り，渋谷に集う新進のベンチャー企業とも手を携えて，エンタテイメントに加えてクリエイティブビジネスに向けた渋谷ならではの価値創造を目指している。

東急グループとしては，渋谷を中心に，東急沿線に共通するテーマとして，日本人ばかりでなく，世界中の人々を魅了する街を目指している。このことは様々な都心部開発における街づくりの差別化につながっている。

1.2.3　二子玉川を「日本一働きたい街」にする

最近，ICT（情報通信技術）の発展によってオフィスを取り巻く環境が大きく変わろうとしている。このような時代の動きを受けて，「職・住・遊」が近接した二子玉川が，「働きたい街」として注目を集めている。東急グループでは，この街で大規模な再開発事業「二子玉川ライズ」を開発，運営している。すでに，日本を代表するICT企業が本社を移転するなど，新たな風が吹き始めている。

ビジネスプレゼンテーションにも利用可能なスタジオやシネマコンプレック

ス，海外から出張してくるビジネスパーソンの長期滞在サービス機能を備えたホテルなど，今後も「職住遊」を意識した独自の街づくりに注力している。

1.2.4 未来を見据えた新規ビジネス展開と海外での街づくり

未来志向の成長戦略に基づき，東急グループにとって新しい事業領域の進出として，2014年4月の電力小売市場の自由化に合せた「東急パワーサプライ」が設立された。同社は，東急沿線の顧客に合理的な電力サービスを提供していくとともに，東急グループの各社が手がける各種のサービスとも複合させて，より便利で快適な暮らしをサポートしていくことを目指している。

2015年11月には，共同出資による空港運営会社「仙台国際空港」を設立し，2016年7月には国管理空港民営化第1号として運営を開始した。今後，訪日外国人旅行者の拡大に伴い，成田や羽田を経由することなく地方都市の国際空港に，直接発着する旅行者の増加が見込まれている。このように世界と，東北エリアとを結ぶハブ空港として，仙台国際空港が運営される。

このことは，インバウンド消費の取込みによる地方創生を促進することにもつながる。この新会社でノウハウを蓄積して，国際空港から入国した訪日外国人旅行客を，さらに2次交通を通じて東急グループが誘導し，新たなインバウンドビジネスを興して，地方都市を活性化することが可能となる。

一方，アウトバウンドビジネスとして，日本で培った都市開発のノウハウを活かして，現在，ベトナムとオーストラリアにおいて，東急グループならではの街づくりに取り組んでいる。ベトナムでは，ホーチミン市の北部に位置するビンズン省で，同国では最大規模となる新都市開発（住居，ビジネスパーク，商業施設，教育機関誘致）を進めている。

1.3 鉄軌道事業の課題と事業子会社化

東急沿線には，自由が丘や横浜，代官山，二子玉川，目黒，武蔵小杉といった，「住んでみたい街ランキング」で上位にランクされる街が多く含まれている。その人気の高さを裏付けるように，2015年に東急沿線人口は530万人を超え，その後も毎年およそ3万人ずつ増加し続けており，多くの顧客に住む場所として選ばれ，私鉄各社の中で競争優位性を保っている。

しかし，将来的には日本の少子高齢化などの社会問題からは逃れることができない。そこで，鉄軌道事業では，このような人口の質的・量的な変化に対応していくための施策に取り組んでいる。

① 東急線の安全対策
② 混雑緩和の取組み
③ 顧客への案内強化
④ 安心で快適な鉄道への配慮
⑤ 東急線を便利に楽しく利用できる取組み
⑥ 鉄道ネットワーク網の拡充
⑦ 鉄道車両や駅および車両外部への環境配慮

特に「①安全の追求と，管理体制」としてのPDCAサイクルを確実に実行していくことで継続的な改善を推進する考え方を取り入れており，具体的な安全対策に取り組んでいる。

・ホーム・駅での対策：ホームドアの設置，非常停止ボタン，防犯対策，火災対策，停電対策
・踏切の対策
・運行の安全：運輸司令所による運行管理，ATC（自動列車制御装置），ATS（自動列車停止装置）
・事故や火災への備え：警戒・復旧体制，影響度最小化策，自然災害対策，施設の補強工事

「⑥鉄道ネットワーク網の拡充」として，東横線と東京メトロ副都心線との相互直通運転や，相鉄・東急直通線の施策を進めている。鉄道ネットワークの拡充により，所要時間が短縮され，乗換回数が減少するなど，より便利・快適に目的地に行くことが可能になる。それらに加えて，地域間との連携や活性化が図られ，各地域のさらなる発展に寄与している（図表7－3参照）。

2019年に鉄軌道事業が分離・独立し，新生「東急電鉄」となった。その目的

については「高度化・多様化されたお客さまのニーズなど，各事業を取り巻く環境変化へスピード感をもって対応するとともに，新たな付加価値の創造による事業拡大を図る」としている。迅速な経営判断のもとで，従来以上に安全・安心の価値をさらに深めることが宣言されている。

［東急株式会社ニュースリリース「商号変更及び鉄軌道事業の分社化に関するお知らせ」2019.9.2］。

図表7－3　鉄道ネットワークの拡充

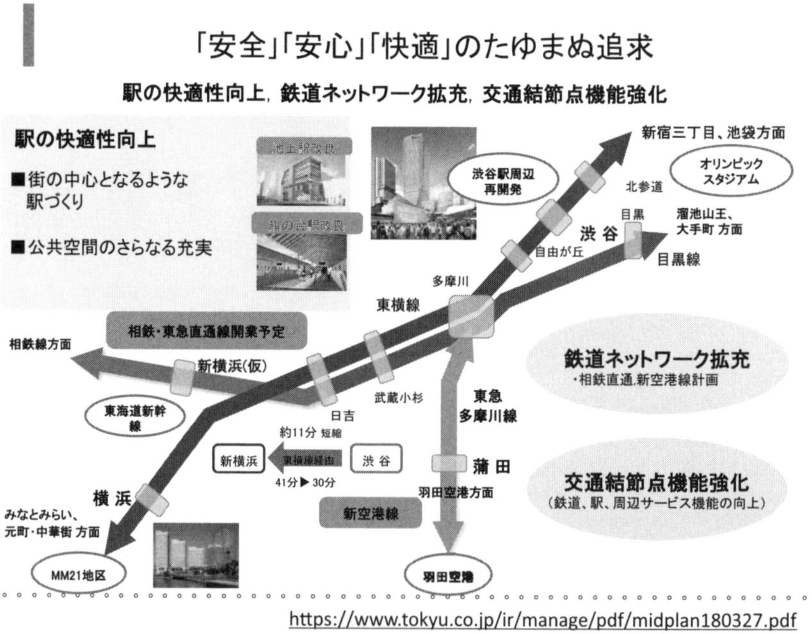

出所：東急電鉄株式会社「中期3か年経営計画2018-2020」（2018）一部修正

Column

鉄道・都市開発を軸とした新規の事業戦略とドメイン

東急グループの事業戦略を考えるうえで，新規の事業領域として展開している「アジアでの事業展開」「空港民営化事業」を例に，ドメインを考えてみよう。

東急のグループ経営は，生活サービス事業を中心とした非多角化戦略であると述べたが，その事業展開の中核には，都市開発と鉄軌道事業で蓄積した資源・ノウハウがある。特に「街づくりノウハウ」と「安全・安心のブランド価値」が基盤となっている。アジアへの事業進出は，過去70年間にわたり多摩田園都市などで培った住宅開発事業を中心としたノウハウの移転である。一方，空港運営事業の受託は鉄道で培った安全輸送の技術の活用である。すなわちコアのビジネスである鉄道・不動産を軸に，ドメインを模索・拡大していることがうかがえる。

このことは東急というコーポレートブランドの効果的な発信にも関連している。東急ブランドは，その提供価値として「安心・心地よさ・こだわり・洗練」を謳っている。これらの提供価値は，鉄軌道事業を基軸とした安全・安心，洗練などの都市生活に求められる上質な街づくりに求められる価値観が基本にある。その結果として，コーポレートブランドを効果的に発信することで，非関連多角化により拡大した各事業の収益拡大に絶大な効果をもたらしている。

1.4　新・3か年中期経営計画（2018〜2020年度）と長期ビジョン

東急グループは，2018年度を初年度とする中期3か年経営計画を，髙橋和夫現・東急株式会社社長のもとに策定した（図表7-4参照）。この「新・3か年中期経営計画（2018〜2020年度）」では，5つの重点施策を定めている。

①　「安全」「安心」「快適」のたゆまぬ追求（基幹たる鉄軌道事業の強靭化）

②　100年に一度と言われる渋谷開発に向けた「世界のSHIBUYAへ」（“エンタテイメントシティ SHIBUYA”の実現）

③　持続的に成長し続ける沿線に向けた「沿線価値・生活価値の螺旋的向上」（グループ各事業の総合力発揮）

④　安定的な内外拠点強化に向けた「戦略的アライアンスによる事業拡大」

図表7－4 「新・3か年中期経営計画（2018～2020年度）」の位置づけ

"Make the Sustainable Growth"
2010年度 東急キャピトルタワー開業
たまプラーザテラスグランドオープン
二子玉川再開発1期開業
2012年度 渋谷ヒカリエ開業
東横線 東京メトロ副都心線
相互直通運転開始
2015年度 二子玉川再開発2期開業
2016年度 電力小売事業・空港運営事業参入
2017年度 渋谷キャスト開業
2018年度 渋谷ストリーム開業
2019年度 渋谷スクランブルスクエア東棟開業
ホームドア設置完了
（東横線・田園都市線・大井町線）
南町田グランベリーパーク商業施設開業
2020年度 東京オリンピック・パラリンピック
2022年度 当社創立100周年
相鉄・東急直通線開業
新宿TOKYU MILANO再開発計画開業
2027年度 渋谷スクランブルスクエア全体開業
HOP!
STEP!
JUMP!
中期経営計画 2012-2014
中期経営計画 2015-2017
中期経営計画 2018-2020
■ 大型開発プロジェクトを着実に推進するとともに、次の100年に向けての基盤を作り上げていく期間
■「新たな付加価値」を創造し続ける東急グループへ進化する期間
https://www.tokyu.co.jp/ir/manage/pdf/midplan180327.pdf

出所：東急電鉄株式会社「中期3か年経営計画2018-2020」（2018）

（グループ内外との共創）

⑤　東急版働き方改革に向けた「ワークスタイル・イノベーションの進化」

特に経営計画の重点施策として「⑤働き方改革」への対応が示されている点が興味深い。東急は前期の経営計画（2015年～2017年）においても，人材育成とダイバーシティを主眼とした施策を重点事項に掲げており，かなり早い段階から従業員の働き方に関する項目を重視してきた。

東急版働き方改革としての「ワークスタイル・イノベーション」とは聞きなれない言葉であるが，顧客である沿線を中心とした都市生活者に対して，東急グループの社員がオフィスや商業施設を企画・提案する際に，それらの社員自らが職住接近や子育て支援など新たな働き方を実践することで，新たな生活価値が提供できるということを意味している（図表7－5参照）。

こうした価値を社会へ展開・還元することがイノベーションに繋がるというロジックである。沿線に展開するシェアオフィス事業，学童保育事業は，事業化における代表例であり，自治体との連携で進めるオフピーク通勤の促進なども，新たな働き方改革としての具体的提案となっている。

これらは，東急が目指すイノベーション創造の具体的な事例であるとともに，東急が顧客である沿線生活者のライフスタイルそのものを変革していくことを重視している姿勢がうかがえる。

中期計画の重点施策をみると，東急グループの事業展開として，2030年までの今後10年間の事業を視野にいれ，多くのプロジェクトを遂行することが示されている。鉄軌道事業においては，安全・安定輸送の確保，混雑緩和など快適

図表7－5　ワークスタイル・イノベーション

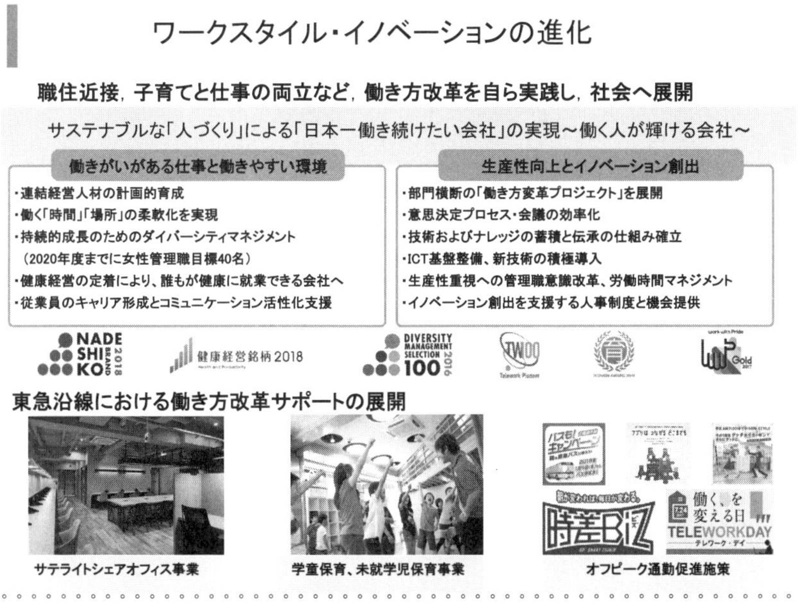

ワークスタイル・イノベーションの進化
職住近接，子育てと仕事の両立など，働き方改革を自ら実践し，社会へ展開
サステナブルな「人づくり」による「日本一働き続けたい会社」の実現～働く人が輝ける会社～
働きがいがある仕事と働きやすい環境
・連結経営人材の計画的育成
・働く「時間」「場所」の柔軟化を実現
・持続的成長のためのダイバーシティマネジメント
（2020年度までに女性管理職目標40名）
・健康経営の定着により、誰もが健康に就業できる会社へ
・従業員のキャリア形成とコミュニケーション活性化支援
生産性向上とイノベーション創出
・部門横断の「働き方変革プロジェクト」を展開
・意思決定プロセス・会議の効率化
・技術およびナレッジの蓄積と伝承の仕組み確立
・ICT基盤整備、新技術の積極導入
・生産性重視への管理職意識改革、労働時間マネジメント
・イノベーション創出を支援する人事制度と機会提供
NADE SHI KO BRAND 2018
健康経営銘柄2018
DIVERSITY MANAGEMENT SELECTION 100 2016
東急沿線における働き方改革サポートの展開
サテライトシェアオフィス事業
学童保育、未就学児保育事業
時差Biz
働く、を変える日 TELEWORKDAY テレワーク・デイ
オフピーク通勤促進施策
https://www.tokyu.co.jp/ir/manage/pdf/midplan180327.pdf

出所：東急電鉄株式会社「中期３か年経営計画2018-2020」（2018）

性向上に向けた取組みに向けて，東横線・田園都市線・大井町線へのホームドア設置完了を進めている。

都市開発事業としても，沿線を中心に「渋谷ストリーム」（2018年），「渋谷スクランブルスクエア東棟」（2019年），「南町田グランベリーパーク」（2019年）など，大型開発物件が順次開業を迎えた。（図表７－６参照）

東急グループの中核である鉄軌道事業あるいは開発事業は，これらの事業の特性上，長期視点での事業構築が不可欠であるが，2030年までの計画が目白押しである。これらを実現するには，グループの持続的な成長が前提となる長期のビジョンと長期の経営戦略が重要な意味をもつ。

東急株式会社は2022年度に創立100周年を迎えることから，2018年度からの

図表７－６　沿線開発の推進

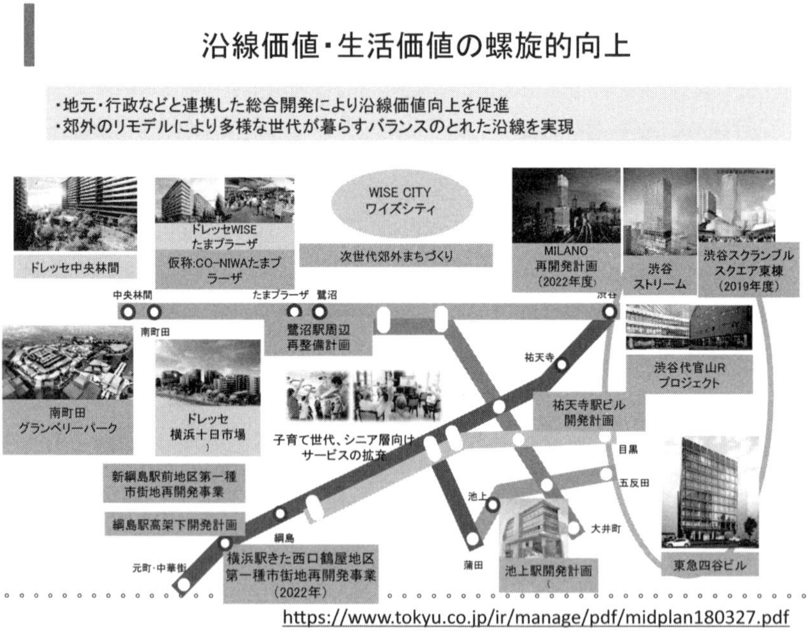

出所：東急電鉄株式会社「中期３か年経営計画2018-2020」（2018）一部修正

3年間は，次の100年に向けた基盤をつくりながら，新たな付加価値を創造して進化を遂げていく期間と位置付けられる。

中期経営計画ではSDGsの観点から，図表7－7に示したように“Make the Sustainable Growth（持続可能な成長をめざして）”というスローガンのもと方針を定め，サステナブルな「街づくり」「企業づくり」「人づくり」の，「3つのサステナブル」の基本方針のもと，次の100年に向けて，既存事業や沿線外拠点を強化するとともに，当社の強みを生かすことのできる新規領域にも積極的に進出することで，激しい時代変化の中でも，持続的な成長を続ける企業集団を目指していくと宣言している。

図表7－7　SDGsの観点からの“Make the Sustainable Growth”

https://www.tokyu.co.jp/ir/manage/pdf/midplan180327.pdf

出所：東急電鉄株式会社「中期3か年経営計画2018-2020」（2018）

1.5　イノベーション創造と長期経営構想

東急では，2019年４月の組織改正において，社長直轄のイノベーション創造組織として，「フューチャー・デザイン・ラボ（FDL）」が組成された。この組織は「当社グループの持続的な成長に向け，既存事業の枠組みを超えたビジネスモデルの確立と，新たな生活価値創造を推進する」ことを目的にしている［2019年２月27日リリース資料より］。

同社は，既にこれまでも，新たなビジネス分野やビジネスモデルを探索すべく，オープンイノベーション施策の展開（TAP：Tokyu Accelerate Program等の展開）やグループ・イノベーションの促進（「社内起業家育成制度」など）を強化してきている。同社だけではなく，多様なステークホルダーとの連携や協業が，その役割に期待されている。FDLは，これらの諸施策を束ねる組織として，さらには2050年以降の事業構想を検討するという大きなミッションを帯びて，組織化された。

長期経営構想の策定にあたって，「2050年目線の未来を描いた『東急ならではの社会価値提供による“世界が憧れる街づくり”の実現』」は，幅広い事業領域を有する“唯一無二のオンリーワン企業”である東急でしか成しえない姿であると確信しております［『長期経営構想』はしがき)］と示されている。

はたして2050年を見据えた街づくりとはいかなるものであろうか。

長期経営構想における「東急が描く未来」では，「東急ならではの社会価値提供による世界が憧れる街づくりを実現する」としており，東急グループが長年培ってきたノウハウやリソースをベースに，テクノロジーやオープンイノベーションと通じて，様々な社会的な課題を含む多くのテーマに挑戦する未来への方向性が示されている（図表７－８参照）

図表7－8　東急の長期経営構想

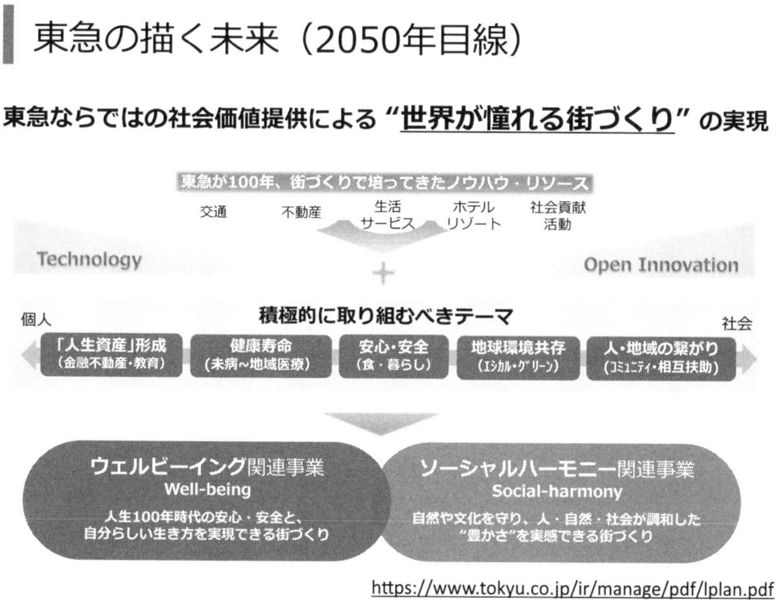

出所：東急株式会社「長期経営構想」(2019)

Column

未来志向のビジネスモデルのイノベーション

東急は中長期の戦略策定に加えて，さらに超長期の経営構想を示すことで2050年時点の街づくりの姿を示している。長期構想では，多様な社会的課題の解決に取り組むことを掲げており，特に事業の持続可能性の重要性を強調している。

「街づくり」には広範なステークホルダーとの関係構築が欠かせない。沿線顧客だけではなく，行政や地域との調整事項も欠かせない。自社の経済的利益だけではなく，社会的な価値を生み出すことが持続可能性を実現する。

現在，鉄道を主体とした街づくりのビジネスモデルが大きな変化を迎えるなか，東急の事業エリアでも人口減少や混雑解消，働き方改革に代表される社会的な課題を抱えており，その課題解決とも相まって，次世代の街づくり構想を示すことが期待されている。これからの東急の構想では，社会的価値と経済的価値の両立（共通価値，CSV：Creating Shared Value）を実現し，多様なステークホルダーとの共存のもとで，新たなビジネスモデルを組み立てることが求められる。東急は街づくり会社として，新たな未来志向のビジネスモデルのイノベーションに挑戦している。

2　東急グループのケーススタディ

See テキスト 第１章　第４節

2.1　ケーススタディの課題１

2.1.1　全社戦略における非関連多角化戦略

2019年10月付けで，東急株式会社は東急グループを経営統括する事業持ち株会社となった。本書本章【Column　東急株式会社の全体戦略と東急グループの非関連多角化戦略】（p.151）にも言及されているように，東急グループでは鉄道・都市開発を軸とした非関連多角化戦略に基づいて事業領域を拡大してきたことにより，東急グループを構成する企業の多くは，東急株式会社の連結子会社となった。

「非関連多角化戦略」とは，関連多角化が目指す複数事業間の共有化やシナジー効果の機会を得ようというものではなく，既存の戦略事業単位（SBU）における成功要因とは異なる成功要因をもつ製品市場への多角化である。つまり，この非関連多角化の目的は，今後成長が見込める新たな事業領域へ参入して，将来の収益を確保することを狙いにして，企業規模の拡大を図ることである。非関連多角化を実現する方策として，アライアンス戦略ならびにM&A戦略がとられることが多い。

【ヒント】　**【鉄道会社における非関連多角化】**

大手鉄道会社では，鉄道事業をコアとして，その「沿線価値」を向上させる様々な事業展開を行い，シナジー効果を上げている。バス，都市開発・不動産ならびに宅地造成・住宅販売や，駅近くのデパートならびにストア，公共施設の誘致（自治体施設，病院，教育機関），サービス事業（流通，通信，ホテル，飲食サービス），リゾート地域開発やレジャー施設運営などを充実させている。その結果，鉄道事業の発展も誘発している。

2.1.2⑴　東急グループにおいては，鉄軌道事業や，不動産・都市開発を軸として，非関連多角化戦略によりどのように事業領域を拡大してきたのか，その歴史的展開の経緯をまとめなさい。その際，それぞれの既存事業と新規事業間で相互の価値やシナジー効果を上げてきた理由も補足して説明しなさい。

2.1.2⑵　鉄軌道事業に関して，次の課題について考察しなさい。

［１］どのようなアライアンス戦略ならびにM&A戦略がとられて，鉄道ネットワークが拡大されてきたか。その経緯と，今後の計画について示しなさい。

［２］鉄道ネットワークの拡大は，それを利用する顧客や，その沿線周辺にある地域社会にどのような影響やメリットをもたらしているのかを考察しなさい。

［３］鉄道ネットワークを拡大してきたそれぞれの沿線［東京メトロ副都心線，新空港線，東武東上線，西武有楽町線・池袋線，相鉄線など］について，東急グループ，あるいは提携先の鉄道会社の双方が，経営上で得られるメリット（成長戦略，事業収益など）について推測し，考察しなさい。

2.2　ケーススタディの課題２

See テキスト 第４章　第４節

2.2.1　競争戦略における差別化戦略

従来の東急グループのビジネススタイルでは，鉄道と不動産を主要事業として売上と収益を得てきたが，特に不動産事業では，社有地を整備開発して，土地・住宅販売をすることにより，売上・収益を上げてきた。その背景として，固定資産である社有地を売却することを継続してきたが，このようなビジネスモデルを続けていては将来の成長戦略に繋がらない状況であった。今後，少子高齢化が進んでいくことから，鉄道と不動産頼みのビジネスモデルから脱却することが求められていた。

そのような経緯から，創業100周年を迎えることを見据えて本書本章『1.2 東急グループが目指す「３つの日本一」』（p.155）が生まれた。その目指すべき姿として，「選ばれる沿線であり続ける」と，「ひとつの東急」として強い企業集団を形成するという長期ビジョンが掲げられた。さらに，本書本章「1.4 新・３か年中期経営計画（2018～2020年度）と長期ビジョン」（p.161）では，５つの重点施策を定めている：「安全」「安心」「快適」，「世界のSHIBUYAへ」，「沿線価値・生活価値の螺旋的向上」，「戦略的アライアンスによる事業拡大」，「ワークスタイル・イノベーションの進化」。

前テキストの「差別化戦略を焦点とした競争戦略」［p.139］としては，次のような①から④までのポイントが示されている。

① 製品の差別化；製品戦略，製品設計，意匠設計

② サービスの差別化；ブランドや評判，品質保証，メンテナンスと修理，補助的サービス，顧客トレーニング／顧客コンサルティング

③ 機能間リンケージ／他企業とのリンク

④ 価格の差別化と価格設定の適切さ

【ヒント】 【駅周辺・沿線に対する生活環境や学術・文化環境の充実を目指す】

関東私鉄の中で小田急や京王は，有名観光地にまつわる遺産や観光資源を活かしたリゾートエリアやテーマパークなどの地域開発，またそれに伴う都市開発を行い，鉄道ビジネスの促進に繋げることができた。

それらに対して，東急グループではそのような有名観光地にまつわる遺産や観光資源をもっていなかった。そこで東急グループとしては，沿線ならびに駅周辺における生活環境や学術・文化環境を充実するために，東急グループ全体としての総合事業として街づくりに集中することにした。

なお，文化やエンタテイメントの観点は，関西の阪急電鉄が，野球場を始めとするスポーツ施設や，宝塚歌劇団などの文化活動を促進したのが先

行事例の学びとなり，エンタテイメントシティSHIBUYAの事業コンセプトに繋がった。エンタテイメントシティに加えて，クリエイティブビジネスに向けた街づくりとして，玉川河川の自然環境を活かし，「職・住・遊」が近傍した二子玉川を「日本一働きたい街」にするというワークスタイルのイノベーションに繋がっている。

2.2.2　次の各項目について，前記①から④の差別化ポイントを対応づけて，他の鉄道企業を具体的に想定した上で，東急グループの差別化戦略の特徴を比較分析しなさい。

［1］住みたい沿線づくり，および沿線価値の向上

［2］訪れたい街づくり，および生活価値の向上

［3］働きたい街づくり，およびワークスタイル・イノベーション

［4］未来を見据えた新規ビジネス

［5］海外街づくりおよびインバウンド戦略

2.3　ケーススタディの課題3

See テキスト 第5章　第1節

2.3.1　ビジネスモデル・イノベーションにおける社会課題解決（SDGs）

2018年度からの中期経営計画ではSDGsの観点から，“Make the Sustainable Growth（持続可能な成長をめざして）”というスローガンのもとで基本方針を定め，図表7－7にサステナブルな「街づくり」「企業づくり」「人づくり」を掲げている。

【ヒント】　本章で取り扱った東急グループの事業内容の中で関係の深いものとして，鉄軌道事業を基盤として，「選ばれる沿線」であり続けられるように，「住む」「遊ぶ」「働く」が揃った個性的で魅力ある経営の実現があげられる。なお，SDGsの調査方法については本書本章後述の【Column】（p.172）を参照していただきたい。

2.3.2 サステナブルな「街づくり」「企業づくり」「人づくり」について，それぞれに関連性があるSDGsの個々の目標と，個々の目標に包含されているターゲットリストの中から，自ら調査研究して具体的にそれぞれ選択しなさい。

［1］「街づくり」に関連しているのは，特に「SDGs目標11：包括的で安全かつ強靭（レジリエント）で持続可能な都市及び人間居住を実現する」と思われる。このSDGs目標11に包含されているターゲットの中から，対応しているものを選択した上で，「街づくり」とSDGs目標／ターゲットの双方がどのように関連づけられるのか考察しなさい。

【ヒント】 東急グループの事業内容の中で，「誰もが働き続けたい社会の実現」として働く場所の新たな提案や，教育・文化・環境活動を通じた社会における人づくりの推進，社員がいきいきと輝ける環境づくりなどが参考になる。

［2］「人づくり」に対して，特に「SDGs目標８：包括的で持続可能な経済成長を及び全ての完全かつ生産的な雇用と働きがいのある人間らしい雇用（ディーセント・ワーク）を促進する」について［1］と同様なことを行いなさい。

Column

SDGs（持続可能な開発目標，Sustainable Development Goals）

SDGs（持続可能な開発目標）とは，国連加盟国と多様な組織，人々によって，「17のグローバル目標の下に，169のターゲット（達成基準）と，それらに対応した232の指標」からなる，国連で採択されたグローバルな開発目標のことである。

2015年９月の国連総会で採択された『我々の世界を変革する：持続可能な開発のための2030アジェンダ（Transforming Our World：the 2030 Agenda for Sustainable Development)』では，国際社会全体が人間活動に伴い引き起こされる諸問題を喫緊の課題として認識し，協働して解決に向けて取り組んでいく決意が表明され，画期的に合意された（このアジェンダの一部として，前述したグローバル目標やターゲットなどが提示されている)。世界中の誰もが力を合わせて，地球上の自然の恵みを大切にし，人権が尊重され，全ての人が豊かさを感じられる平和な世界をつくろうという，ビジョンが掲げられている。これらの目標達成に向けて，各国が積極的に取り組むことが合意され，政府だけでなく，地方自治体や，企業，諸団体，市民一人ひとりにも役割があり，それぞれがパートナーシップを築き，協力・連携し合うことが求められている。

例えば，前述した［1］「街づくり」に関連したSDGs目標のうちで，特に「SDGs目標11」に包含されているターゲットの中で，東急グループの事業内容に関連しているターゲットとして，次のふたつが関係しているものと思われる：

・ターゲット　11.1「2030年までに，全ての人々の，適切，安全かつ安価な住宅および基本的サービスへのアクセスを確保」
・ターゲット　11.2「2030年までに，脆弱な立場にある人々，女性，子供，障害者および高齢者のニーズに特に配慮し，公共交通機関の拡大などを通じた交通の安全性改善により，全ての人々に，安全かつ安価で容易に利用できる，持続可能な輸送システムへのアクセスの提供」，その他

【取材協力への謝辞】
東急株式会社　沿線生活創造事業部　寄本健氏

【参考文献】

『TOUKYU CORPORATION 2019-2020』2019年10月。
『JAPAN VALUE　日本に，世界へ誇れる街を。』東京急行電鉄株式会社，2017年3月。
『長期経営構想―未来に向けた美しい生活環境の創造』東急株式会社，2019年9月。
Transformation our world: the 2030 Agenda for Sustainable Development（https://sustainabledevelopment.un.org/post2015/ transformation our world）.
SDGsの目標とターゲット本文の参照（About the Sustainable Development Goals, 国連公用6言語に対応：アラビア語，中国語，英語，フランス語，ロシア語，スペイン語）（https://www.un.org//sustainabledevelopment/sustainable-development-goals/）

（村井淳）

株式会社Will Smart

第8章 IoTイノベーションによるベンチャー企業のビジネスモデル

―B to B顧客とビジネスエコシステムを構築する共創戦略―

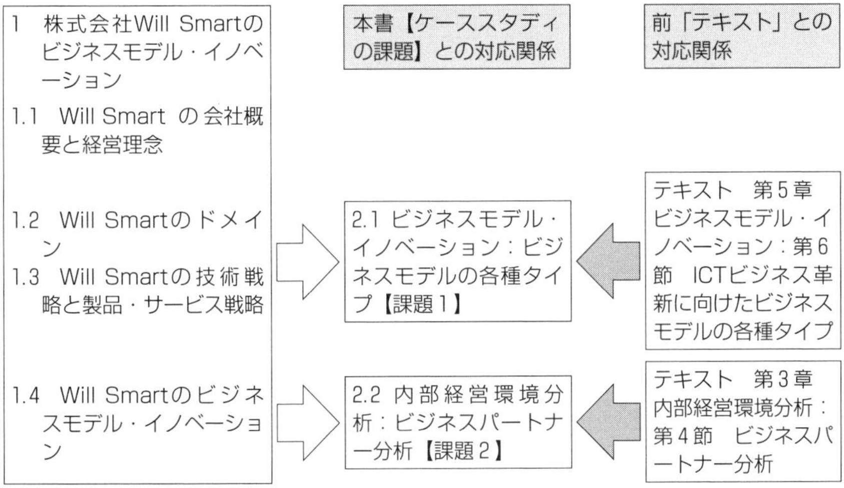

出所：上岡恵子作成

1　株式会社Will Smartのビジネスモデル・イノベーション

【ポイント】

ベンチャー企業は「とんがった技術」や製品をもっていながらも，新事業開発に向けた事業コンセプトの設計や，事業コンセプトを事業化するビジネスプロセスの設計，持続可能な組織管理などに問題がある場合が多く，生存率が低い傾向にある。このような状況の中で，ベンチャー企業のWill Smartは自社が保有する，IoTディバイスの製造や，クラウドのシステム構築上のIoT関連技術，顧客課題解決，新規ビジネスのプロデュースや事業計画の立案のケイパビリティを組み合わせたIoTソリューションを，B to B顧客との協働の中で事業化し，業務提携や資本提携を通した「IoTイノベーションのビジネスエコシステムを構築するビジネスモデル」を開発している（本書第8章のトップページ図表参照)。

その結果，設立後4年で黒字化を実現し，顧客との業務提携，資本提携により事業の拡大，多角化を図っている。

1.1　Will Smartの企業概要と経営理念

1.1.1　Will Smartの会社概要

Will Smartは，2011年の株式会社ゼンリンデータコムにおける新規事業の検討の中で，現Will Smart代表取締役社長の石井康弘が事業計画を立案し，ゼンリンデータコムの出資を受けて2012年に会社を設立したベンチャー企業である。

新事業を行うためには，社内に新規事業部門を設立することや，社内ベンチャーで行うなどの選択肢もあったが，石井社長は新規事業を成功させるためには退路を断つことが必要であること，新規事業での経費や利益などのパフォーマンスを明確にしたいという強い思いがあった。ゼンリンデータコムの新規事業における新会社設立の条件として，ゼンリンデータコムに対して事業フィールドが異なる顧客を獲得すること，ゼンリンデータコム以外に複数社から資本を集めることをあげていたため，ゼンリンデータコムと大日本印刷，韓国のフィンガータッチインターナショナルの3社によるJV（ジョイントベンチャー）の事業形態として，Will Smartはデジタルサイネージ事業を手がける会社としてスタートした。その後，株式異動，第三者割当増資を経て現在は，ゼンリンデータコム，ゼンリン他，グループ外の6社の事業会社が株主である。

Will Smartは「共創による価値の創出」を企業活動の使命とし，インターネットに接続するハードウェアの開発・販売，地図などのデジタルコンテンツの開発・配信，ハードウェアとデジタルコンテンツを組みあわせたソリューションの企画開発を一気通貫で提供するメーカーを目指している。また，第三者割当増資や資本業務提携を行いつつビジネスの場と経営資源を確保しながら事業を拡大している。

(1)　会社概要

会社名	株式会社Will Smart（英文名Will Smart Co., Ltd.）
本社	東京都江東区富岡2－11－6　HASEMAN BLDG 5－1
関西営業所	大阪府大阪市西区靱本町1－5－18　ミフネ本町ビル501
九州営業所	福岡県福岡市中央区薬院4－3－7　フローラ薬院403
設立	2012年12月12日
資本金	496,050,000円
事業内容	課題解決型のAIソリューション及びパッケージAIソリューションの提供，カーシェアリングシステムの構築及びパッケージシステムの販売，インターネットに接続するハードウェアの企画製造販売，クラウドサービスによるシステム開発。
事業ドメイン	IoTソリューション事業（デジタルディスプレイおよび配信系ソリューション）/IoT共創事業（研究開発から実用化支援）/モビリティシステム事業（移動体管理ソリューション）
株主	株式会社ゼンリン，株式会社ゼンリンデータコム，九州旅客鉄道株式会社，四国電力株式会社，都築電気株式会社，YKK AP株

式会社，岡谷鋼機株式会社，飛島建設株式会社

(2) 沿革

2012年12月

株式会社ゼンリンデータコムの出資を受け，株式会社Will Smart設立

2013年 5 月

大日本印刷株式会社，フィンガータッチインターナショナルを割当先とした第三者割当増資を実施

2014年 6 月

フィンガータッチインターナショナルが保有する全株式を株式会社ゼンリンデータコムが取得

2014年12月

株式会社ゼンリン，株式会社ゼンリンデータコムを割当先とした第三者割当増資を実施

2017年 4 月

九州営業所（旧西日本営業所）開設

2018年 3 月

大日本印刷株式会社が保有する全株式を株式会社ゼンリンデータコムが取得

2018年11月

株式会社ゼンリンを割当先とした第三者割当増資を実施

2018年12月

事業会社 6 社と資本業務提携を目的とした第三者割当増資および株式異動実施

2019年12月

関西営業所開設

1.1.2 Will Smartの経営理念

経営理念（社是・社訓ということもある）は，会社や組織が存在する意義や使命などの価値観を示し，社員の求心力になるだけでなく，社員の行動規範や意思決定の前提となる。また，経営理念は，社外に対しては会社のブランディング構築や信頼構築につながるものである。このような意味をもつ，Will Smartの経営理念は次のように示されている。

(1) 経営理念

Will Smartの名に込めた思い
「Will=未来，意思」×「Smart＝聡明，高精度な技術」
我々は成長を実現する強い意志をもちテクノロジーの可能性を追求し，社会の発展に貢献する未来志向のチームでありつづけます。
［出所：株式会社Will Smartホームページ企業情報「Will Smartの経営理念」］

(2) ミッション

自らのアイデアとテクノロジーを用い社会問題の解決に寄与し続けることを理念とする

(3) 行動指針（バリュー）

当社は以下に掲げる5つの行動指針に従い事業を生み育て続け自社の目指す姿の実現に努める。

1．顧客やパートナーとの共創による価値創造を追求すること
2．テクノロジーの進化と可能性に常に肯定的であること
3．常に社会課題への洞察と関心を持ち自らができることを考えること
4．消費者・利用者にとっての価値観や必要性を想定し事業を行うこと
5．社会課題や社会発展に影響を与えない事業は行わないこと

1.2 Will Smartのドメイン

Will Smartのドメインは，前述したようにIoTソリューション事業（デジタルディスプレイおよび配信系ソリューション），IoT共創事業（研究開発から実用化支援），モビリティシステム事業（移動体管理ソリューション）である。これらについて以下で説明する。

1.2.1 IoTソリューション事業

IoTソリューション事業は，バスなどの移動体を含めた多様な場所にディスプレイを設置し，そこにネットワーク経由でデジタルコンテンツ配信ソリューションを提供する事業である。デジタルディスプレイ，情報配信や管理を行うソリューションを組み合わせて構築，提供する。IoTソリューション事業の1例として東急バス株式会社　ディスプレイインフォメーション配信システムがある（図表8－1参照）。

図表8－1　東急バス㈱　ディスプレイインフォメーション配信システム

出所：Will Smartホームページ，導入事例「東急バス株式会社」

1.2.2 IoT共創事業

IoT共創事業では，大手の企業と，IoTなどの先端技術を用いて新事業を行う場合に，新製品の企画・開発時にオープンイノベーションに基づいた共創事業を行っている。IoT共創事業の1例として，「YKK APが考える未来の窓プロジェクト『Window with Intelligence』」がある。このプロジェクトでは，昨今のスマートホーム化への新提案として，近未来に向けた実用化を目指した挑戦をしている。

YKK APの既存製品である窓に，デジタルを組み合わせれば何ができるのかを共に考え，窓がインターネットに繋がることで，実現する世界観や機能を実際に開発したうえで，既存の窓製品の中に透過性有機EL（EL：Electronic Luminescent），強化ガラス，タッチパネル，コンピュータボードなどを組み込み，未来窓のプロトタイプを設計・開発している。窓の基本性能を保ちながら，天気や室内環境を元に窓を開閉させて換気を自動調整したり，AI（人工知能）スピーカーやインターネットとつながることで窓が住空間の様々な家電をコントロールしたり，遠く離れた人との対話やお絵かき・メモを残す機能など，7つの基本機能を搭載している。

また，同社は，2018年5月に未来ドア「UPDATE GATE」も発表している。未来ドアにはドアハンドルがなく，センサーと顔認証により自動で開閉する。顔認証はAIとの組み合わせで，AIが毎日の行動を学習して一人ひとりが必要とする情報をドア面に表示し，ドアパネルのデザインを自由に変更できるものである。

1.2.3 モビリティシステム事業

モビリティシステム事業は，カーシェアリングビジネスを始める人に全ての機能を低価格で提供する，カーシェアオールインワン・プラットフォームサービスである。

モビリティシステム事業の1例として，Will-MoBiがある（図表8-2参照）。「Will-MoBi」は，車に搭載する車載機やキーボックス，ユーザーアプリ，管

図表8－2 Will － MoBiの予約画面

出所：https://will-mobi-lp.willsmart.co.jp/#function

理システム，決済機能の全てがパッケージとなったプラットフォームを提供し，カーシェア事業参入時に必要となる書類申請や複雑な手続きもサポートする。最小１台からカーシェアリング事業に参入することができるので，本格導入前の現場課題や利用ニーズの事前把握にも対応できる。

1.3 Will Smartの技術戦略と製品・サービス戦略

1.3.1 Will Smartの技術戦略

Will Smartの事業のベースとなる中核的技術は，IoTディバイスの製造技術，Webサービスの開発技術にある。

「IoTディバイスの製造技術」は，Will Smartではインターネットに接続する機器である，デジタルサイネージ，タブレット端末などのハードウェアの企画・設計を行う。しかし，Will Smartは工場を持たず，実際の製造作業は海外メーカーに委託している。これは，低コスト，短納期での提供を行うためである。

「Webサービス開発」では，IoTディバイスへの情報の配信，通信状況やコンテンツ放送状況を遠隔で管理するクラウド型システムの開発，新たなデジタルコンテンツの企画・開発をWill Smartで行い，開発は社外パートナー企業で行っている。

中核的技術は自社の中でブラックボックス化することが，技術戦略では多くみられる。しかし，Will Smartでは，経営資源や活動資金が潤沢とはいえないベンチャー企業として，日々の経営活動に必要な資金の確保のために投資を抑えること，経営環境の変化への対応スピードを上げてスピード感がある経営活動を行うこと，また撤退を容易にするためにすべてを自社で用意しないという選択をしている。

1.3.2　Will Smartの製品・サービス戦略

Will Smartのユニークな特徴を示す製品・サービスの基本構造は，「ゼンリンが持つ地図情報をベースに新たに企画・開発したデジタルコンテンツを組み合わせ，クラウド上のシステムから屋内外や，移動体を含めた多様な場所に設置されたディスプレイ上に，ネットワーク経由で地図や商品販促などのデジタルコンテンツを適地適時に的確な形で発信する」という情報発信のアーキテクチャである。

この製品・サービスの基本構造と中核的技術を組み合わせて製品・サービス戦略を立案する際に，Will Smartでは，顧客のビジネス課題解決のために顧客と協働を行い，自社がもつIoTディバイスやWebサービスの技術を組み合わせてパッケージ化して提供している（図表8－3参照）。なお，顧客が課題解決を行うための新ビジネスの企画やプロデュースを，顧客の業務活動の中に入って実現している。

図表8－3 Will Smartのソリューションサービスのコンセプト

Solusion Service
私たちは，IoT関連の最適な技術要素と当社が有するケイパビリティを組み合わせ，
お客様とともにIoTイノベーションを実現していきます。
IoTデバイス製造
（エッジデバイス）
×
WEBサービス開発
（クラウドサービス）
×
課題解決

出所：Will Smartホームページ「Our Solution」

1.4 Will Smartのビジネスモデル・イノベーション

経済産業省「工業統計表（1982～2002年）」から，開業年次別事業所の経過年数別生存率（事業所の開業後経過年ごとに，前年の事業所数を100として，次年に存続している事業所の割合を示したもの）を製造業に絞ってみると，起業して５年後に残っている会社は半分以下の42%，10年後に残っている会社は23%である。

ベンチャー企業の生存率の低さの要因は，これから実績を積み重ねていく企業のライフステージ段階に合わせて経営活動に必要な人材をタイムリーに確保・育成していくことが難しいこと，経営活動を行うための継続的な資金調達が難しいこと，技術開発成果の事業化やその後に販路や顧客開拓のアプローチなどの経営全般に及ぶ知識やノウハウなどの経営資源が乏しいことが考えられる。

一方，経営資源の所有では，日々の経営活動に必要な資金の確保のために投資を抑えること，経営環境の変化への対応スピードを上げてスピード感がある経営活動を行ったりするため，さらに撤退を容易にするためにも，すべてを自社で用意しないことも重要である。

以上のようにベンチャー企業が生き残っていくのは難しいと言われる中で，Will Smartは設立後４年の2016年に黒字化を実現した。この強みの源泉はどこにあるのかを以下で探求していきたい。

1.4.1 「新規事業の事業計画と利益」への執着

ベンチャー企業では，事業計画や事業化のプロセス，収益管理，資金調達の課題が多い。これらに対して，Will Smartの設立においては，新事業開発の業務経験がある石井社長が事業計画を立案している。

また石井社長は，新規事業の遂行において，ゼンリンの社内ベンチャーではなく，独立した企業を選択した理由として，「じゃぶじゃぶな資本金は，経営者や会社をだめにする。経営実績を明確にするために独立した企業にした。」「会社を存続させるために，目の前のCashをどうつくるか，1円でも利益を出すことに神経を使う。」，「短期的にお金になるものに目を配る。」と語っている。さらに，Will Smartの社員にはゼンリングループからの出向者はおらず全員プロパーである。

このように，Will Smartでは，新事業検討の際に，石井社長が立案した事業計画をもとに，新会社とすることで経費や利益など経営実績を明確化できる経営管理基盤を構築し，プロパー社員だけで組織を構成し，退路を断った。

1.4.2 「ビジネスの目利き」や「意図や信念」を具現化する人材

人材に問題を抱えるベンチャー企業が多い中で，Will Smartでは，ビジネスの目利きの石井社長や，コンセプトのサービス具体化を行う杉山事業推進本部・本部長，海外メーカーとの協業関係を築き低コスト・短納期での製造を可能にする金副社長・開発本部本部長らが，「ビジネスの目利き」や「意図や信念」の具現化の要となる人材を保有している。

今後の事業が拡大していく中での組織の問題について，石井社長は「いかに私や杉山本部長，金本部長，楡金本部長のコピーをつくっていくかが問題だ。」と語っている[1]。

1　杉山本部長は事業推進本部本部長，金本部長は開発本部本部長，楡金本部長はコーポレート本部本部長。本文ではインタビュー時点で語られた役職を，2019年12月時点での役職で記載している。

1.4.3　案件の初期段階でのビジネスリスク低減

Will Smartは石井社長を筆頭に，ビジネスが分かる技術者集団で構成されている。「技術の組み合わせでビジネスの企画・プロデュースを行いパッケージ化してワークフローを流していく。技術者なのでゴールに対して，技術の実現可能性の観点から，自社として取り組むべきか否かを決める。技術的でできないことははずす，やめさせることでスピードを出せる（石井社長）。」

そのために引合いの初期段階で，ゴールに対する技術的実現性を評価し，現状の技術的にできない要件は除外し，他の課題解決方法の提案を行うことで，ビジネスリスクの低減とビジネスのスピードアップを図っている。

1.4.4　事業の組織化（ビジネス・スキーム）

Will Smartの事業では，顧客課題の解決のために，デジタルコンテンツ，IoT製品，デジタルコンテンツの配信・監視を行うクラウド上のシステムを顧客の課題解決のサービスとしてパッケージ化して提供する。

デジタルコンテンツには，差別化要因となるゼンリンがもつ地図情報がある。これと組み合わせるデジタルコンテンツの企画・開発，デジタルコンテンツの配信，管理を行うクラウド上のシステム開発を，Will Smart，および社外パートナー企業で行う。また，提供したサービスの運用保守業務は，外部パートナー企業と連携することでサービスを提供している。

デジタルコンテンツを受配信する際に，インターネットに接続するためのディバイス（IoT製品）は，企画・設計はWill Smartで行うが，製造工場は自社では所有せず，製造は中国，韓国などの海外メーカーに委託する。製造を外部委託する場合，特に海外企業においては，国内で製造する場合に求められる製造品質，納期に対する意識の違いが問題になることが多い。

これに対して，Will Smartでは，以前に大手韓国企業に就業していた経験をもつ金副社長・開発本部本部長が，Will Smartが求める製造品質や納期，自社の文化や風土などを中国，韓国などの海外メーカーに伝え，その実現のためのブリッジ役となることで解決を図っている。

Will Smartでは，顧客企業の業務活動の中に入って，『顧客の顧客（顧客企業や，その企業の顕在・潜在的なエンドユーザー）』の困りごとや抱えている問題の課題解決をビジネスの場として創出し，顧客の経営資源を活用しながらビジネスを遂行している。「小さい会社なので，顧客や経営資源は他社のものを使う。」「顧客との距離を縮めるために資本提携を選択する（石井社長）」と，業務提携だけでなく資本提携も行い，事業の拡大や多角化の安定的基盤を構築している。

このようにWill Smartは，自社に加えて，海外メーカー，運用保守企業，デジタルコンテンツや，クラウド上のシステム開発企業，顧客企業を「仮想のWill Smartの経営資源」としたビジネス・スキームを構築して，全ての経営資源を自社保有せずサービスを提供し，さらに顧客の創出と資金調達を行いながら事業の拡大を行っている（図表8－4参照）。

図表8－4　Will Smartのビジネス・スキーム

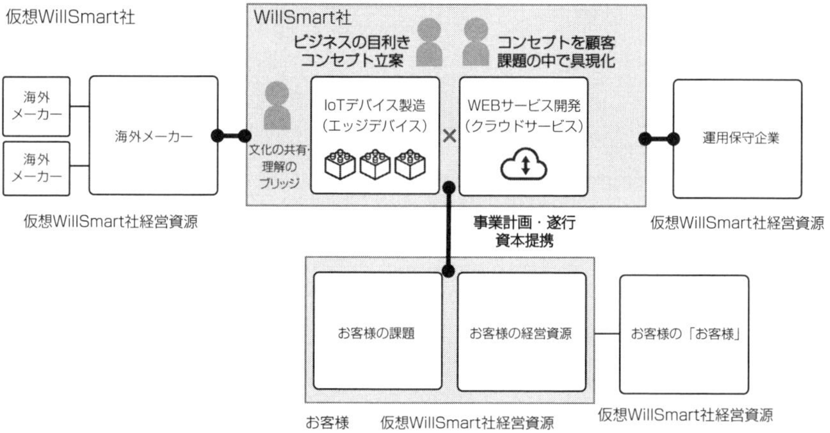

出所：上岡恵子作成

2　Will Smartのケーススタディ

ベンチャー企業であるWill Smartが設立４年目にして黒字化を果たした大きな要因として，石井社長が立案した事業計画をもとに経費や利益など経営実績を明確化できる経営管理基盤を構築したこと，プロパー社員だけで組織を構成し退路を断ったこと，自社が持つ中核技術の事業化において「顧客（B to Bの取引先の顧客企業）」との協働を通したビジネス機会と経営資源を活用して，オープンイノベーションを実現していることが挙げられる。

2.1　ケーススタディの課題１

See テキスト 第５章　第６節

2.1.1　ビジネスモデル・イノベーション：ビジネスモデルの各種タイプ

前テキスト「第５章　ビジネスモデル・イノベーション」の「6　ICTビジネス革新に向けたビジネスモデルの各種タイプ」［p.231］の中の１つのビジネモデルに，「マルチサイド・プラットフォーム（MSP）」がある。MSPは，製品やサービスを提供する側のプレイヤーと，複数の顧客グループとを，相互に引き合わせるプラットフォームを開設・運営して，いくつかのグループ間をつなげることで，仲介者しての価値を生み出す。

2.1.2(1)　本書本章「1.2.1　IoTソリューション事業」(p.180）が，このMSPだと想定した場合に，東急バス株式会社「ディスプレイインフォメーション配信システム」の事例について以下の問題について考察しなさい。

［1］バスサービスを提供する側のプレイヤーである東急バス側では，バスの移動体に関して，具体的にはどのような情報を提供しているのか。

［2］多様な目的をもつ複数の顧客グループに対して，デジタルディスプレイに表示される「バス総合案内の情報」の動的なコンテンツは，従来の掲示板とは違って，どのような新たな価値を提供しているのか。

［3］相互に引き合わせるプラットフォームを開設・運営しているWill Smart

は，どのような中核技術を組み合わせてこの「ディスプレイインフォメーション配信システム」を提供しているのか。以下のバリューチェーンにそって，どのような中核技術が組み合わされているのか説明しなさい（【ヒント】：本書本章「1.3.2　Will Smartの製品・サービス戦略」(p.183)）。

・系統・曜日が違うバスの運行スケジュール，
・地域ごとに停留所の場所・番号が異なり，
・異なる地域・場所に配置されているデジタルディスプレイを，
・異なる情報を多様な目的をもつ顧客グループに適切な情報を表示する，その他。

2.1.2(2)　本書本章「1.2.3　モビリティシステム事業」(p.181) が，このMSPに当てはめた場合に，カーシェアオールインワン・プラットフォームサービス「Will-MoBi」に対して，前述の2.1.2(1)と同様に［1］，［2］，［3］に対応したそれぞれの問題について考察しなさい。

See テキスト 第3章　第4節

2.2　ケーススタディの課題2

2.2.1　内部経営環境分析：ビジネスパートナー分析

前テキスト「第3章　内部経営環境分析」の「4.4　イノベーションと企業間関係」[p.119] では，イノベーションを生み出し，その果実を獲得するために必要な活動や経営資源のすべてを，自社でまかなうことはせず，以下に示すような外部の組織との分業や協力が必要になることが言及されている。

(1)　**企業間分業と協力**：パートナー企業に次のタイプがある，

・川上企業（素材などの部品メーカー［サプライヤー］や，設備メーカーなど）
・川下企業（製品完成品メーカー，流通業者，販売サービス業者など）
・関連産業の企業
・異業種の企業，その他

⑵ イノベーションに向けた企業システム間のマネジメント

・「組織の境界（Organizational Boundaries)」の設定：どこまでを自社でやり，どこから外部の組織に委ねるのか，内と外を分ける境界を決める

・企業間関係のマネジメント：業務活動を企業の内部で行うことを「統合化」と呼び，外部企業への分業やアウトソーシングすることを外部化（市場組織）というが，それぞれ両者の欠点を補い，長所を活かせる中間的な企業間システムの仕組みづくりとそのプロジェクトマネジメントを行う。

⑶ オープンイノベーションとオープンな知財マネジメント

「オープンイノベーション」とは，企業内部と外部のアイデアを有機的に結合させ，価値を創造すること，さらに，企業が自社のビジネスにおいて社外のアイデアを今まで以上に活用する。または，未活用のアイデアを他社に今まで以上に活用してもらうことをいう。

2.2.2 ⑴　本書本章「1.2.2　IoT共創事業」(p.181) 未来の窓プロジェクト『Window with Intelligence』の事例では，Will SmartグループのYKK APが，B to Bの取引先の顧客企業と，各種の外部パートナー（サプライヤーやディバイスの提供業者を含む）とで，新製品の企画・開発時にオープンイノベーションに基づいた共創事業を行っている。

［1］上記事例に対して，前述した前テキスト「第3章　4.4　イノベーションと企業間関係」で示した「⑴　企業間分業と協力」[p.119] の視点を参考にして，具体的にはどのような役割を担う顧客企業や，外部パートナーが参画しているのか想定しなさい。

［2］前記事例では，YKK APが主体的にオープンイノベーションの「⑵イノベーションに向けた企業システム間のマネジメント」[p.120] を担っている。

①　YKK APは，顧客企業，各種の外部パートナーに対して，どのような「組織の境界」を設定しているのか想定しなさい。

②　YKK APが，前記事例に対して，「⑵イノベーションに向けた企業システテ

ム間のマネジメント」[p.120] でリーダシップを発揮できる優位性をもてる理由は何か。Will Smartが保有している中核技術や技術戦略のユニーク性やパッケージ化の視点から考察しなさい（【ヒント】：本書本章「1.3　Will Smartの技術戦略と製品・サービス戦略」(p.182)，「1.4.4　事業の組織化（ビジネス・スキーム）」(p.186)）。

2.2.2(2)　石井社長のインタビューコメントにあるように，Will Smartのオープンイノベーションの特色は，「顧客企業の業務活動の中に入って，『顧客の顧客（顧客企業や，その企業の顕在・潜在的なエンドユーザー）』の困りごとや抱えている問題の課題解決をビジネスの場として創出し，顧客の経営資源を活用しながらビジネスを遂行している。」と考えられる。

さらなる特色は，「自社に加えて，海外メーカー，運用保守企業，デジタルコンテンツや，クラウド上のシステム開発企業，顧客企業を『仮想のWill Smartの経営資源』としたビジネス・スキームを構築して，全ての経営資源を自社保有せずサービスを提供し，さらに顧客の創出と資金調達を行いながら事業の拡大を行っている」ことにあると思われる。

そこで先に取り扱った本書本章「1.2　Will Smartのドメイン」(p.180) の3つのうちどれか1つの事業事例を取り上げて，「図表8－4　Will Smartのビジネス・スキーム」のそれぞれのボックスの中に（新たに図表を拡張表現してよい），上述の特色で示された事項を取り込み，さらに仮想Will Smart社の経営資源へと拡大して，未来戦略デザイン志向の「事業コンセプト」のイメージ図を表現しなさい。

【取材協力の謝辞】

株式会社Will Smart　代表取締役社長　石井康弘氏
取締役・事業推進本部　本部長　杉山賢治氏

【引用・参考文献】

株式会社Will Smart　ホームページ
https://WillSmart.co.jp/company（閲覧日　2019年5月10日）
YKKAP株式会社　ホームページ
https://www.ykkap.co.jp/company/jp/info/news/detail.html?s=20180425
（閲覧日　2019年8月9日）
中小企業白書2006年版　第1－2－21図　開業年次別・事業所の経過年数別生存率
Digital Innovation Lab 「私の意見」を戦わせよ，ゼンリン発ベンチャー WillSmartがIoT共創事業に成功している理由
2018.10.16　http://digital-innovation-lab.jp/WillSmart/　（閲覧日　2019年8月9日）

（上岡恵子）

ベジア

第9章　日本の「農」と「食」の可能性を広げる大学発ベンチャー

―独自の常温乾燥技術で農業と地域を活性化―

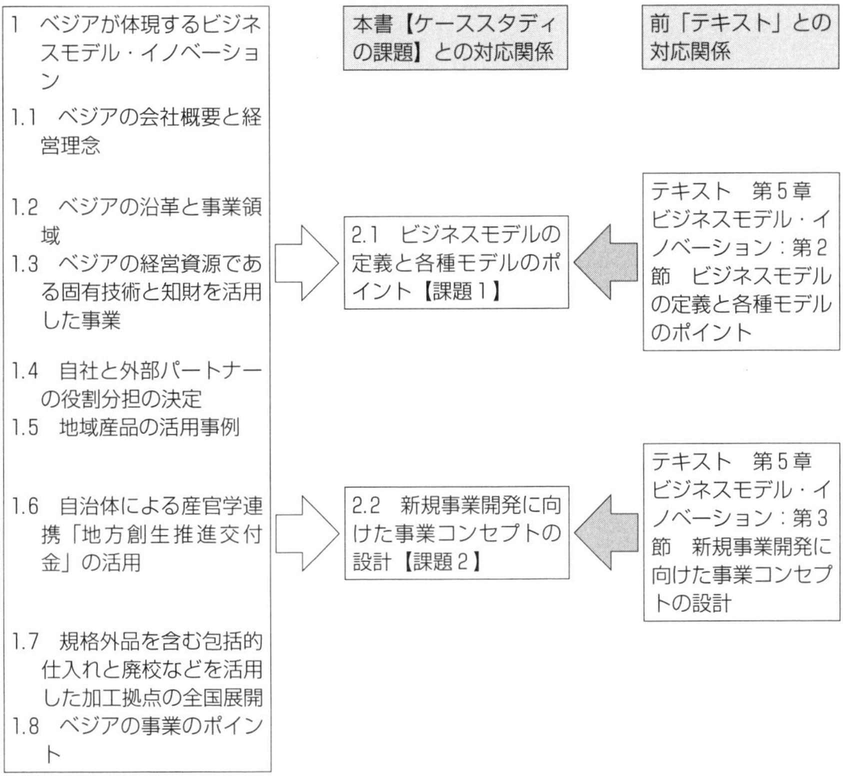

1　ベジアが体現するビジネスモデル・イノベーション
1.1　ベジアの会社概要と経営理念
1.2　ベジアの沿革と事業領域
1.3　ベジアの経営資源である固有技術と知財を活用した事業
1.4　自社と外部パートナーの役割分担の決定
1.5　地域産品の活用事例
1.6　自治体による産官学連携「地方創生推進交付金」の活用
1.7　規格外品を含む包括的仕入れと廃校などを活用した加工拠点の全国展開
1.8　ベジアの事業のポイント
本書【ケーススタディの課題】との対応関係
2.1　ビジネスモデルの定義と各種モデルのポイント【課題1】
2.2　新規事業開発に向けた事業コンセプトの設計【課題2】
前「テキスト」との対応関係
テキスト　第5章　ビジネスモデル・イノベーション：第2節　ビジネスモデルの定義と各種モデルのポイント
テキスト　第5章　ビジネスモデル・イノベーション：第3節　新規事業開発に向けた事業コンセプトの設計

出所：石丸亜矢子作成

1　ベジアが体現するビジネスモデル・イノベーション

【ポイント】

株式会社ベジアは山形大学発のベンチャー企業であり，同大学で開発された食品の常温乾燥技術や有機エレクトロニクス（EL）技術を核に，生鮮食品の乾燥化による食品廃棄の削減と，規格外品などの有効活用による農家の収入向上に挑戦している。

本章では，固有技術を活用して事業展開する場合に，外部パートナーとの役割分担のあり方や，地域活性化に寄与する事業について分析する（本書第9章のトップページ図表参照）。

従来の産官学間連携では，「学」は技術開発を行い，「産」が主に事業領域を担ってきた。一方，ベジアでは，「学」が主体となって事業を推進し，「産」と「官」をつなぐ役割を担っている。本章では，こうした新たな役割分担の価値や効果について提言する。また，地方創生などの社会課題解決志向，社会価値志向の事業のあり方は今後，特に注目されるものと考えられる。

ベジアは創業3年余りのベンチャー企業であるが，大学発の固有技術を開発して，農作物の余剰食材の活用や，廃校などの未利用施設資源の活用といった，地方創生に向けて確固としたビジョンをもって，着実に関係者を巻き込んで事業を推進している。少子高齢化のため産業の衰退が確実に予想されている今後の日本において，どのような事業のあり方が求められるのかについて探究する。

1.1　ベジアの会社概要と経営理念

1.1.1　ベジアの会社概要

会社名	株式会社ベジア
本社所在地	〒992-8510　山形県米沢市城南四丁目３－16 山形大学　有機材料システムフロンティアセンター内
設立	2016年11月15日
事業内容	常温乾燥技術を用いた食品製造，販売，有機EL植物栽培工場
資本金	500万円

1.1.2　ベジアの経営理念と事業コンセプト

ベジアの会社ホームページには，次のような言葉が掲げられている。

『ベジアは，常に世界的視点に立って日本の「食」を考え，常温乾燥技術で地域の「農」や「産業」を活性化させる技術者集団です。』

また，ベジアは次のような事業コンセプトを掲げている（図表９－１参照）。

1.2　ベジアの沿革と事業領域

ベジアの常温乾燥技術は，同社のパートナー企業である「ナチュラルプロセスファクトリー」と，山形大学工学部とで共同研究・開発されたものである。それまで主流となっていた温風乾燥や凍結乾燥では，食材の色や風味が生の状態から変化することが避けられなかった。しかし，常温乾燥ではそのデメリットが生じにくい。同社がもつ，最先端の流体力学を応用した風を自由自在に操る新技術により，乾燥条件を乾燥機内で均一に保持させ，かつ常温で自然に近い状態で乾燥させることができ，風味や色，栄養価を維持したまま食材から水分を除去できる。無添加・無着色，安心安全の乾燥素材は保存性も高く，季節を問わず活用することができることから，様々な場面での需要が期待される。

同社によって乾燥・粉末加工された食材は，菓子・食品メーカー，外食産業に提供するほか（B to B），自社ブランドの食品製造を行って直接消費者の元へ届けられる（B to C）。常温乾燥設備は大型のプラントや機械設備，化学薬

図表9-1 ベジアの事業コンセプト

日本には，地域ならではの魅力的な農作物や海産物などの特産物が数多く存在し，毎日消費者の元へ全国各地から届けられています。しかし，第一次産業の現場を覗いてみると愛情込めておいしく育てられたにも関わらず，販売の規格に合わなかったり，ちょっとした傷がついたことで破棄されてしまうものが多く存在している現状が見えてきます。

そんな中，わたしたちのパートナー企業「ナチュラルプロセスファクトリー株式会社」が風を自在に操って野菜や果物，肉，鮮魚などを粉末加工できる常温乾燥機を開発し，捨てられてしまう農作物の「もったいない」に付加価値をつけることに成功しました。同社が開発した技術を生かし，わたしたちは食品加工や新たな商品開発を展開していきます。例えば，新鮮な果物を乾燥させてドライフルーツにしたり，粉末加工をしてお菓子に利用したり，様々な農作物を始めとする食材に新たな活躍の場を作り出します。

ベジアは世界規模での発展を目指していきます。そして，わたしたちの持つ常温乾燥技術は今後世界中で活用されていくと確信しています。まず第一歩として日本全国に工場を。日本各地でベジアの工場が設立されれば，地域の産業の活性化，農業の活性化につながり，またその地域のブランド化にも役立ちます。また，近い将来，世界へ進出して，飢餓に苦しむ人々の力にもなりたいと思っています。

ベジアはグローバルな視点で常温乾燥技術と共に，日本の「農業」や「産業」が活性化する未来を提案し続けていきます。

Think Globaly
Eat Locally

出所：ベジアホームページ「CONCEPTコンセプト」

品などを一切要しないため，廃校などの空きスペースを活用して機械を導入し，地域密着の小規模工場として展開することが可能となっている。そこで現在は，使用されなくなった廃校，廃工場などの空きスペースを活用し，市町村と協力しながら，小規模工場（パイロットファクトリー：PF）の展開を進めており，従来は廃棄されていた食材を活用して地域とともに栄えるという新たな食品産業の可能性を追求している。

事業領域と関係者は次のとおりで，山形大学とナチュラルプロセスファクトリーが共同研究開発した技術を活用し，農家などの生産者から原材料となる農作物を仕入れて，自社で商品開発や製造販売を行い，直接消費者に提供するほ

図表9－2　ベジアの事業に関わるステークホルダー

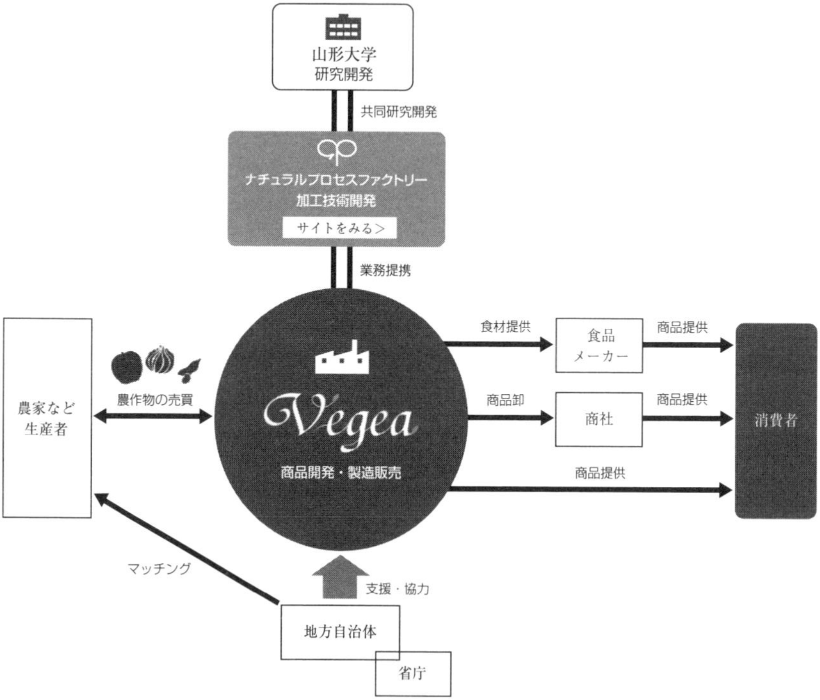

出所：ベジアホームページ「ABOUT USベジアについて」

か，食品メーカーや商社に原材料や商品を提供している。また，地域活性化に寄与するため，地方自治体や省庁との支援・協力関係も結んでいる（図表9－2参照）。

1.3　ベジアの経営資源である固有技術と知財を活用した事業

ベジアの事業の特徴は，大学発の新技術を活用して事業化する点である。山形大学有機エレクトロニクス研究センターの卓越研究教授である城戸淳二教授と，山形大学大学院機械システム工学分野の鹿野一郎准教授の研究から見いだされた特許技術などの事業化を図るため，2012年に「ナチュラルプロセスファクトリー株式会社」が設立された。ナチュラルプロセスファクトリーは，植物栽培用の有機EL光源の開発や植物工場内環境の研究開発・設計，流体力学の研究成果を活用し，常温乾燥機の開発および販売，食品加工の研究・開発を軸として，農業の６次産業化に貢献することを主旨としている。

1.3.1 ナチュラルプロセスファクトリーが掲げる「有機ELの光と流体力学の風」による農業イノベーション

ベジアが事業に活用する加工技術を開発し，業務提携関係にあるナチュラルプロセスファクトリーは図表９－３の役割を掲げている。技術や知財の提供だけでなく，引き続き常温乾燥装置の販売，設置を行うとともに，販路が少ない農家や，商品開発を行いたい企業に対して，ビジネスマッチング支援も行うとしている。

図表９－３　ナチュラルプロセスファクトリーが掲げる役割

①　技術の提供
農家や商品開発を行う企業を対象として，画期的で生産効率が高く，ランニングコストが低い常温乾燥技術を提供する。食品加工の共同研究開発を通じて商品化支援も行う。
②　機械の販売
中小型から大型まで，事業規模に合ったサイズの常温乾燥機の販売，設置を行う。乾燥機は野菜・果物・海産物，魚介類等いずれも新鮮なまま，味，風味，色合いを損なうことなく常温乾燥が可能で，さらに高い歩留まりを実現する。また，乾燥物を粉末化することにより加工食品へ応用も可能。
③　ビジネスマッチング
常温乾燥技術で製造した付加価値の高い食品を消費者に届けるために，ナチュラルプロセスファクトリーは，自社の広い流通ネットワークを活用することで，販路が少ない農家の皆様の販路拡大を支援する。また，常温乾燥技術を用いて製造した食品を販売する企業に生産者の紹介も行う。

出所：ナチュラルプロセスファクトリー　パンフレット

1.3.2　ものづくり企業との連携

食品乾燥の特許技術を活用した食品乾燥装置の製造・販売は，山形県米沢市に本社を置くものづくり企業，株式会社タカハタ電子との産学連携で行っている。タカハタ電子では，有機EL技術を活用した製品の製造も一部行っている。

1.3.3　ベジアの技術を活用した日本の農業活性化の将来ビジョン

食品乾燥技術の他，ベジアおよびナチュラルプロセスファクトリーでは，保有する有機EL技術を活用し，図表9－4に示す「山形から世界へ。有機エレクトロニクスの光を光源とした人工植物工場で，日本の農業が活性化する未来を目指して。」という将来ビジョンを描いている。

図表9－4　ナチュラルプロセスファクトリーの将来ビジョン

長期的・戦略的取り組みと目指す未来像～有機EL光源植物工場の実用化に向けて～ 将来，農業の6次産業化の更なる後押しとして目指す姿が，有機ELを光源とした人工植物工場です。建物の内部で植物や野菜を作ることができれば，天候や自然災害に左右されず，安定した収穫が見込めます，しかし，既存の植物工場には，光源にかかるコストの課題が残されています。蛍光灯では電気代がかかり，LEDでは初期投資がかさみ，利益を確保するのが難しいとされていました。そこで，その問題を解決するべく，当社は光源となる植物栽培用有機EL光源の開発を行っています。有機ELパネルが量産されれば，導入コストが下がるうえ，電気代は蛍光灯の3～4分の1に。しかも，有機ELは光の調節が簡単にできるため，植物の育成に効果的な光源を常に与えることが可能になり，生産効率もあがります。将来的には，太陽電池を使った太陽光を利用したり，流体力学的に計算された工場内の環境を均一に保つ技術を駆使して，徹底的に省エネ化された植物工場の開発を計画しています。工場を低コストで運営できれば，農家の収入は安定し農業は確実に活性化します。それにより，雇用・生産物・設備などの増加も期待できるうえ，日本のものづくり技術をグローバルに展開していくことを視野に入れ，当社は長期的・戦略的に研究開発に取り組んで行きます。

出所：ナチュラルプロセスファクトリー　パンフレット

1.4　自社と外部パートナーの役割分担の決定

先に設立されたナチュラルプロセスファクトリーでは，食品加工技術の研究開発と乾燥装置の製造販売を行ってきたが，関係先からは，「原材料として乾燥粉末を仕入れたい」との声が多く寄せられるようになっていた。

さらに，山形大学の近隣の農家では，果物やトマトなどの野菜を20％程度も廃棄しているとの話があり，大学近隣の農家の作物を一手に引き受けて加工することで，菓子製造業などに材料として卸すことが可能になると想定された。

そこで，これまでナチュラルプロセスファクトリーでは行っていなかった，原材料の自主仕入れや，自前での商品開発，直販を含む自主事業を行うため，「ベジア株式会社」が設立された。ベジアでは，B to Bで菓子メーカーへの原料供給販売を行うことに加え，自主事業としてB to C事業も手がけている。自治体と協力しながら，地域活性化や食品ロス対策の文脈の中で地域ごとに処理工場を建て，横展開していくことを構想している。

大学内の機能性食品開発チーム（農学部で食品の保存技術や成分分析，生体への効果研究などを行う教授陣によるチーム）も立ち上げ，常温乾燥で粉末化した食材が，生の食材や他の方法で乾燥させた食材と比べて成分がどのように変化しているのか，さらに生体に及ぼす効果などを調べている。

ベジアの技術や事業の導入事例としては以下の取組みがすでに進んでいる。

・川西市のトマト農家
・米沢市のぶどう農家（我妻観光果樹園，漆山ぶどう園）
・飯豊町のいちご・こくわの活用
・米沢市のレストラン（リストランテ喜右ェ門）
・寒河江市の煎餅工房（さがえ屋）
・鶴岡市の菓子舗（木村屋）
・「山大ジェラート」の製造・販売
・阿賀野市との共同事業「―食品乾燥技術によるビジネス創出―」

1.5　地域産品の活用事例

1.5.1　無添加干しぶどう

米沢市の我妻観光果樹園は，清浄な空気と水に恵まれた米沢市に所在する，ぶどう狩り・さくらんぼ狩りが楽しめる観光果樹園で，農薬や化学肥料を減らし，有機肥料を使ったエコ農法「草性栽培」で果物を作っている。

従来は，少しのキズや形の悪いものは，出荷の際に省くことがあり，徹底された品質管理の裏に，余剰果物の廃棄問題が存在していた。ちょっとした傷や形の悪さなどが原因で市場に出回らない果物は，素材そのものの風味や栄養価には何の問題もなく，せっかく丹精込めて育てた果物を，ただ廃棄するのはもったいないと日頃から感じていたところに，常温乾燥技術を知った。

それまで捨てていた余剰果物を常温乾燥させて，無添加の干しぶどうを商品化したところ，味，風味，色が他の技術で乾燥したものと比べて評判も良く，また添加物や保存料を必要としないため，余剰果物を有効活用できるようになった。廃棄する予定だった果物を乾燥させることにより，新たな商品に生まれ変わらせることができ，限りなくロスをゼロにすることを可能にしている。

1.5.2　米沢産ドライトマトを使ったパスタ＆ジェラート

山形県米沢市のリストランテ喜右ェ門は，「地産地消」をコンセプトとしているレストランで，「郷土料理」を基本として食されてきた地元米沢の素晴らしい食材をあえてイタリア料理という手法を用い，食材に新たな付加価値を与え，日本食とはまた別な美味しさを提供している。

リストランテ喜右ェ門では，米沢産ドライトマトなどで常温乾燥技術を活用している。ベジアの常温乾燥技術を使って処理された「米沢産ドライトマト」は，乾燥しているのに色・風味が保持されており，素材そのものの味の良さが残されている。また生の食材と比べて保存性が優れており，無駄なく料理に活用できる。さらに，粉末状にできるため加工がしやすく，料理の幅が広がり，よりバラエティ豊かなメニューを提供できるというメリットがある。リストランテ喜右ェ門では，この米沢産ドライトマトを使ったパスタとジェラートの他，秘伝豆のジェラートなども提供している。

1.5.3　山大ジェラート

「山大ジェラート」とは，ベジアが常温乾燥技術を用いて開発，加工製造したプレミアムジェラートで，2018年４月20日にオープンした「道の駅米沢」や，山形大学内のレストランなどで販売されている。

「山大ジェラート　鷹山（ようざん）秘伝豆」は，米沢市内で生産されている希少な大豆「秘伝豆」を用い，常温乾燥技術により風味や栄養価を損なうことなく粉末化して，ジェラートに練り込むことで作られている。濃厚な味が評判で，少量生産のため他のジェラートより割高な価格にも関わらず人気を博している。

また，「山大ジェラート　平洲トマト」は，米沢盆地に所在する置賜産のトマト（ラウンドレッド）を用いて作られており，トマト本来の甘みと酸味を残したバランスのよいジェラートとなっている。

1.5.4　その他の活動

ベジアでは，新宿高島屋などで2017年の第10回目まで開催された，「美味しいフェア」への出展や，自社主催のドライフーズレシピコンテストを行い，乾燥食材活用の裾野拡大を図っている。

歴代のドライフーズレシピコンテスト：

・第１回ドライフーズレシピコンテスト2017「米沢牛編」
・第２回ドライフーズレシピコンテスト2017「館山りんごスイーツ編」
・第３回ドライフーズレシピコンテスト2018「デラウェアスイーツ編」
・第４回ドライフーズレシピコンテスト2019「秘伝豆スイーツ編」

1.6　自治体による産官学連携「地方創生推進交付金」の活用

ベジアが行う取組みの中でも，阿賀野市との共同事業「食品乾燥技術によるビジネス創出」は，地域活性化につながる事例としてもユニークである。そこで「発展研究」として，ベジアと阿賀野市との共同事業について取り上げて分析を行う。

1.6.1　阿賀野市役所　企画財政課　企画係へのインタビュー

新潟県阿賀野市ではベジアと連携し，2016年度より2018年度までの3年間，食品乾燥に関する事業を運営してきた。阿賀野市内の廃校である旧大和小学校の校舎内にベジアの乾燥装置を導入し，加工作業をベジアに委託して，市内農業者などの食品乾燥の受け入れを行ってきた。本事業を発案・担当した担当者の古田島氏にインタビューを行った。

(1)　ベジアを知った経緯と事業実現に至る経緯

阿賀野市の産業の中では，食品産業のウエイトが大きいが，様々な農業者の話を聞く中で，「B級品が少なからず出てくるが，それらを収益化しないと，農業を稼業として全体として儲けるというレベルには至れない。6次産業化に取り組むようにいわれても，個々の農業者としてはノウハウもなく，自前で機械の購入などの設備投資を行うことは難しい。」という声がいくつも聞かれた。

また，製菓業者などの最終商品提供者からは，「できれば地元の果物などを製菓材料として使いたいと考えているが，地元産食材は季節性があり，使いたい時に必要な量が入手できない。そこで次善策として，地元産食材が取れた時に冷凍保存しておいたものを使っているが，冷凍設備が必要になり，また生の果物などと比べると風味も落ちる。」というような声があがっていた。そこで，目をつけたのが，食品乾燥の技術であった。

さっそく，食品乾燥を手がける市内・県内の業者を探してみたところ，熱乾燥や冷凍乾燥を手がける業者は県内に何件か存在することがわかった。そのような時ちょうど，県職員を通じて，ベジアの城戸社長と会う機会があった。熱乾燥や冷凍乾燥ではなく風味や色を損ないにくい，常温乾燥という技術に興味をもち，協業できる可能性があるかもしれないと考え，相談に行き協業をお願いした。さらに，同時期には，「地方創生推進交付金」の募集があり，申請を行ったところ採択となった（図表9－5参照）。

(2) 阿賀野市で実施した事業の概要

2016年度に市内に乾燥施設を整備し，2017年度に農業者などの受け入れを本格開始した。まずは，阿賀野市内の旧大和小学校の音楽室を，食品乾燥研究施

図表9－5 地域再生事業の概要

事業の名称	食・農業イノベーション拠点整備事業
事業主体	阿賀野市
支援措置	地方創生推進交付金
地域再生計画の目標	稲作が中心であり，農業特産物を有しない阿賀野市の農業が，“もうかる産業”になるには，①収益向上（6次産業化への取り組み），②販路開拓（巨大消費地である首都圏等の市場獲得）が考えられるが，具体的な取組みが生まれてこない。その要因として，①農産物のままでは保存がきかず，流通されにくく，飲食店も利用しづらい，②2次産業（＝加工）の技術・ノウハウ・設備が不足している，③付加価値のシーズ（種）が見当たらない，ことが挙げられる。また，地域農業者・商業者が互いのニーズや課題を共有していないことも起因となっている。人口減少が進み，市場が縮小している状況の中，地域に“もうかる産業”を根付かせるためには，地域農産物や食品が高く売れる市場を開拓する必要があるため，①高付加価値化商品の開発，②新たな消費者の獲得，③その取組みを持続させる人材育成と環境づくりを行うことで，魅力ある産業を創出し，社会人口減少に歯止めをかける。 【数値目標】

	平成29年3月末	平成30年3月末	平成31年3月末
新技術で加工され，付加価値が向上した地元農産物や食品の数量（累計）	6,000kg	78,000kg	150,000kg
新技術の加工や事業間マッチングにより，販路開拓ができた新商品（累計）	5品目	25品目	45品目
先端産業の体験学習を受けた生徒数（累計）	40人	160人	280人

地域再生を図るために行う事業	廃校を活用して産業（農業・商業）と教育を結びつける相互横断的な取組みを大学発の食関連ベンチャー企業と協働して実施し，食の付加価値化拠点の整備・活用を通じて，魅力ある産業を創出する。 魅力ある産業の創出を実現させるため，廃校の一画を改修し，連携する食関連

	の大学発ベンチャー企業を招致して農産物を中心とする食品を乾燥する拠点及び新たな光技術を採用した実証植物工場を設け，食の付加価値化拠点として整備するほか，当該拠点を教育面でも活用して，先端技術が学べる体験学習を提供する。
事業が先導的であると認められる理由	【官民協働】 ・地域と地域企業を知る「市役所（官）」とイノベーション技術を有する「大学発ベンチャー企業（民）」が協働に取り組むことで，地域企業がイノベーションに取り組めるビジネス環境と学生の学習環境をつくる。 【地域間連携】 ・新潟市が開催する「食」の総合見本市「フードメッセ」に，阿賀野市共同ブースを設置し，販路開拓面で連携する。新潟市にとっては，近隣市町村の魅力ある商品の出展は，バイヤーの来場を促す材料となり，相互の利害が一致した連携となる。 【政策間連携】 ・従来の単一政策では，農業を商業に活かす，産業を教育に活かす，といった横断的な取組みが生まれなかった。そこを，廃校で結び付け，大学発ベンチャー企業の力を利用して，相互連携させ，まち・ひと・しごとを創生させる。 【自立性】 ・大学発食関連ベンチャー企業の招致という形で連携する事業のため，ベンチャー企業の自助努力による経営が事業を継続的に動かし，地域課題を解決することになる。よって，２年目以降，立ち上げ支援を低減させ，４年目以降は，行政に頼らない仕組みとなる。

出所：内閣府地方創生推進事務局「認定された地域再生計画について」

設に改修し，実験施設を設置した。

最初に市内の農産品を乾燥させることによる６次産業化の可能性があることを広く知らしめ，農業者などに手軽に使ってもらうことで効果を実感してもらう必要があることから，当初は市内農業者には使用料無料で開放することとした。施設は2017年５月に開設された。施設の開設にあたり，運営は阿賀野市が担ったが，加工作業はベジアに委託し，要員の派遣を受けて事業を開始した。交付金事業には３年間の期限があったため，当初より３年後の自立化を目途に進めた。

2018年度が事業開始３年目にあたり，実績としては24品目の加工を手がけてきた。ベジアへの加工委託期間は終了し，市が運営してきた施設は引き継いで自立経営してくれる事業者を公募し，事業は継続予定である。また，新たに民間事業者で，常温乾燥機を導入するところが出てきており，今後は市内にそのような事業者や乾燥拠点を増やしていきたいと考えている。

(3) 設置した施設の実績

阿賀野市において設置・運用した施設の実績は図表９－６のとおりである。

(4) 事業実施で明らかとなった課題

課題の１点目は，食品メーカーが乾燥材料を活用しようとした場合，衛生面を理由として工場への受け入れが難しいという点である。食品工場では高度な安全性が求められる。ここまで難しいとは当初想定していなかった。地元の菓子屋に出荷する程度では安定的な利益獲得にはつながらない。中規模以上の食品メーカーと組んで，ある程度の量を定期的に販売できるようにならないと利益を上げるレベルまでは到達できない。

食品メーカーは地元産の乾燥材料に興味をもつが，安全性の要求レベルがかなり高い。誰がどこで製造した原材料なのかを，誰が担保するのか，万が一事故が起きたときに責任を持てる原材料でないと使えない。そのため，コストと安全性の問題がネックになることが明らかとなった。一農家の農産品では，どのような種苗や肥料を使い，検査をどうクリアしたかなどを表示・証明することはハードルが高い。材料調達の際に，相互の間を仲介する企業が必要である

図表９－６　阿賀野市の事業成果

・申請数　延べ52件　※申請事業者数　23者（うち農業者11者）
・稼働率　71%（実施日49日／稼働可能日69日）
・試験乾燥・研究品目　24品目
・加工総重量　195.5kg（平成29年度）
・課題・・・利用者の偏り，利用者の広がりが限定的。希望の加工量に応えられない。

出所：阿賀野市役所　企画財政課作成資料（H31.2.6）

と考えられる。

２点目は，農業者にビジネス発想が乏しく，どうしたら儲けられるかを考えることが難しい点である。食品乾燥装置を整備しても，農業者側からの動きは盛り上がりにくかった。農家は従来から，Ｂ級品を冷凍しておいて季節外に低廉な価格で販売するなどの対応をとっているが，それでは儲かるようにはならない。これを，常温乾燥によって高付加価値な材料として販売することによって儲かるようにしていくという発想が必要だが，その発想に乏しい。

農業者は多忙であり手間のかかることは敬遠しがちである。市が運営する施設では，ベジアから派遣された委託要員が食材のカットや乾燥作業を代行したので，農業者としては材料を渡せば仕上がり品を受け取れるという手間のかからない形だった。しかし，現在民間事業者の乾燥施設では，設備は整っているが，材料のカットなどは持込者が行わねばならず手間がかかる。そのため，積極的な利用は進みにくいことが懸念されている。

３点目の課題として，この事業を広く広めて普及促進に努める推進者や伝道者の役割を果たす人材が乏しい点があげられる。市役所の兼務担当者だけでは普及促進に限界がある。

(5)　今後に向けた展望

常温乾燥装置は，サイズや乾燥時間の関係で処理能力の限界があるため，地域として食品乾燥を柔軟に行っていくには，施設が複数あったほうがよい。そこで，市内事業者の乾燥装置の導入を進め，各事業者に自立事業として運営してもらう方法を現在模索している。すでに市内で数軒の事業者が導入しており，農業者などに向けて，各事業者のビジネスモデルで事業を展開し始めている。

1.7　規格外品を含む包括的仕入れと廃校などを活用した加工拠点の全国展開

ベジアが行う取組みの中でも，阿賀野市との共同事業「『食・農業イノベーション拠点整備事業』―食品乾燥技術によるビジネス創出―」は，地域活性化につながる事例としてもユニークである。そこで「発展研究」として，ベジアと阿賀野市との共同事業について取り上げて分析を行う。

1.7.1 ベジア 代表取締役／山形大学有機フロンティア研究所 卓越教授 城戸淳二氏へのインタビュー

(1) ベジアが描く今後の農水産業と事業展開ビジョン

この事業は品質の高い素材を安く調達できないと成り立たない。川西市のトマト，北海道のブルーベリー，長野県のわさびなどですでに粉末乾燥化を行っているが，いずれもブランド野菜と言われるような高付加価値な品目や，有機栽培にこだわって作られている農作物である。

いま日本各地で起きていることは，農業に携わっても十分な収益が得られないため，子供たちが農家の後を継がずに都会に働きに出てしまい，ますます地域の人口減少が進みつつあることである。農家側の作物の販路は極めて限られており，多くの農家は農協と直接契約し，規格に合う農産物を生産して納入するしかない。大手スーパーなどの販路もまだ規格品を求める傾向は強く，規格外品や余剰品は廃棄するか，あるいは二束三文の対価を受け取り，引き取ってもらうしかない。漁業も同様の状況である。

このような状況の中で，規格外品の効率的利用を目指す直接流通も増えていくと考えている。大手スーパーでは，農家から畑ごと農産物を買い取る契約をしたり，魚介類を直接船から買うなどの動きがすでに起き始めているが，今後，多くの食材がこのような直接流通の形式に近づいていくと考えている。

ベジアでは，常温乾燥技術をもっており，高品質な農作物の風味や色を損なうことなく，食材を乾燥させることができる。栄養成分の保持については，現在，山形大学の研究者たちと詳しく研究を進めているが，栄養成分を壊すことなく，保存期間を延ばすことができる。さらに，水分を抜くことによって運搬しやすくなる。また，乾燥させ粉末化して利用する場合，農作物の形状や大きさを問う必要がなくなる。そのため，規格外品が発生する余地がなくなり，農家にとっては農作物価格の安定化や高価格化を見込むことができる。

ベジアでは，ブランドフルーツなど高付加価値な農作物の畑の区画ごと，規格外品も含めて原材料として買い取り，農家の収入を上げることに寄与していきたいと考えている。また農業だけでなく漁業など，他の一次産業にも展開していきたい。

(2)　今後の事業展開に関する展望

まずは，自社の乾燥拠点および自治体や協力企業などと協業し，乾燥拠点を全国に広げていきたい。

また，人材育成や人材紹介業も手がけていきたいと考えている。農家が困っているのが，人手不足の問題である。そこで，ベジアでは廃校を活用した展開を考えている。例えば，廃校の一部をアトリエ化して芸術家の卵たちを集め，無料で場所を活用してもらいながら，朝には農作業や乾燥作業を手伝ってもらい，その他の時間には創作活動をやってもらうというような，「芸術村構想」も検討している。

1.8　ベジアの事業のポイント

本事例のポイントは，次の5点であると考えられる。

1.8.1　大学発技術活用事業の成功モデル

「研究開発の成果である技術を提供する。技術を応用した装置を販売する。」のみではく，自らが事業者となって，技術を活用して製造した「製品物」を，自ら製造販売することが成功のポイントと言えるのではないかと思われる。全国には他にも，食品残渣や規格外の農産品などを活用した6次産品の製品開発・販売を行っている大学が存在し，中には年商数百万から数千万円を売上げているような事例もある。農産品の6次加工は政策としても推進されている事業分野であるが，知財や固有技術を活用した6次産業化は特に付加価値の向上が期待できる。

1.8.2　市場参入方法の成功モデル

常温乾燥という技術による差別化と，乾燥食品のみを最終製品とするだけでなく，乾燥食品の粉末化を原材料製品として提供するビジネスモデルをとることで，固有の乾燥設備を製品として提供する場合より広い市場を狙うことができる。また，自治体として取り組むことで地域の巻き込みが容易になり，導入した設備をフル稼働させるだけの食材が集まるようになり，利用コストで導入コストをまかなえるようになるとのシナリオを描いて進めている。

1.8.3　自治体や地域側から見たメリット

自治体としては，技術はあるが，資金と実績に乏しいベンチャー企業に対し，交付金などを活用して設備導入や委託を行い，ビジネス機会を設けながら，地域の農産品の有効利用や新規事業創出を実現することが可能となる。

地域の事業者にとっては，自治体やベジアの実証実験の結果を踏まえて自社として新規事業を展開することが可能になり，スムーズに事業導入を進めることができる。このように本事業のあり方は，自治体，ベンチャー企業，地元農業者の何れにとっても有効な，各自の自立化を目指す進め方のモデルと言えるのではないか。

1.8.4　ベジアとしての横展開モデル

現在は小規模工場であるパイロットファクトリー（PF）として，山形大学米沢キャンパスのほど近くに一つ目の自社工場を設立した段階であるが，別の場所で廃校を活用した設備導入準備も進んでいる。このように，今後は自治体などと協力しながらPFを全国各所に多数作っていく計画である。

国をあげた６次産業化推進と地域活性化への要請を背景に，廃校や空き店舗などの余剰スペースを活用して展開していく構想であり，自己投資を低減しつつ分散型で事業を進めていくことができる。これは少子高齢化が進む今後の日本において，地域の供給や需要に合わせて加工品を製造することのできる新しいビジネスモデルといえるのではないかと思う。

1.8.5　地域とベンチャーがともに栄える成長戦略に向けた将来ビジョン

地方の弱体化や地域活性化の文脈の中で，地域資源の地産地消がより進んでいくと考えられる。少子高齢化によって人やモノの移動は今後減少していくと考えられる。また，生産力の低下により食糧をはじめ資源のさらなる有効活用が求められるようになる。そこで，地域の中で地域の食材を無駄にせず使い切るといった，資源の有効利用につながる技術や事業の重要性が増すと想定される。

このような中で，ベジアが進めようとしているのは，畑を丸ごと買い上げて，規格外品や生産余剰などの従来の廃棄品も活用しきるという取組みである。ベンチャー企業が自ら事業者となってリーダーシップを取り，今後ますます弱体化していく地方の自治体や民間事業者，農業者などをコンソーシアムのように取りまとめ，地方をあげて稼げるようにしていくという構想は以前からあるが，実際に推進力を持った事例として，成功モデルとなりうると現実味があるものと考えられる。

2　ベジアのケーススタディ

2.1　ケーススタディの課題1

See テキスト 第5章　第2節

2.1.1　ビジネスモデルの定義と各種モデルのポイント

前テキスト「第5章　ビジネスモデル・イノベーション：著者［玉木］が提唱するビジネスモデルの定義」［p.188］では，「広義のビジネスモデル」の定義を次の3タイプのモデルの集合体として提唱している。

①　事業コンセプト

②　ビジネスプロセスモデル（「ビジネスプロセスモデル」図や，「ステークホルダー同士のオペレーションに対応した取引情報の流れ」表として表現する）

③　収益モデル（その他として，ICTビジネス革新や事業革新に向けたビジネスモデルの各種タイプを含める）

さらに前テキスト［p.189］では，「事業活動の究極的な目的は『顧客創造』であり，それを実現するために『事業創造』がある。つまり，この『顧客創造』の実現に向けた第一歩として，顧客が他社との違いを認めてくれる独自の『顧客価値』の創造が不可欠になる。そして，それを着実に実現できる『ビジネスの仕組み』をつくりあげ，そのビジネスの仕組みの中に，『儲ける仕掛け』を織り込んだものを『ビジネスモデル』と定義する。」としている。

ベジアは，当初は大学初の固有技術を活用した機械装置を製造し，販売していたが，第1に「事業コンセプト」を新たに定義し直し，自ら乾燥食品を製造して販売するビジネスモデルに舵を切った。その上で，第2に「ビジネスプロセスモデル」としては，ドライフルーツなどの完成品を製造して販売するのではなく，製菓材料などに使われる粉末化した半製品を提供することとした。これにより，販売先の幅が広がるとともに保管場所の節約や高付加価値化が実現され，第3に「収益モデル」にもつながっている。

2.1.2(1) ビジネスモデル・イノベーションとは，はじめから明確なビジネスモデルが存在するケースは皆無であり，現実の実情や矛盾に直面して学び，柔軟性をもってビジネスモデルを再構築し，「実践知」を体得したところに発現するものである。本章で紹介したベジアのケースが，ビジネスモデル・イノベーションと言える理由を，この「実践知」として社会実証と学びを繰り返し，ビジネスモデルを変革し続けてきた観点から，説明しなさい。

2.1.2(2) ベジアの事業における，「自社の経営資源」と「外部パートナー」とのそれぞれの事業領域と役割分担を区分した説明をしなさい。その後で，自社の経営資源と，外部パートナーとの相互連携について説明しなさい。

2.1.2(3) ベジアの事業について，「ビジネスモデル・キャンバス」を描きなさい（図表9－7参照)。

2.2　ケーススタディの課題 2

See テキスト 第5章　第3節

2.2.1　新規事業開発に向けた事業コンセプトの設計

事業コンセプトを設計するには，「ターゲット顧客（誰に）」，「顧客価値（何を）」，顧客価値の実現に向けた新たな「ビジネスの仕組みの工夫（どのように）」，「ビジネスの仕組み」を実現する「自社の経営資源」または「外部パートナー」の決定，「収益モデル：儲ける仕掛け」，などを考えることが必要となる。これらは相互に関連づけて，また時間軸の上で現在のみならず将来にわたってどうなるかをふまえて考える必要がある。

例えば，「ターゲット顧客（誰に）」を考える場合に，特定のターゲット顧客という概念を超越して，近未来に想定される社会や地球あるいは企業に生じる問題を予見し，未来の社会問題や地球問題に対して課題を解決しようというア

図表 9 - 7　ビジネスモデル・キャンバス

<table>
<tr><td rowspan="2">パートナー
Key Partner</td><td>主な活動
Key Actibity</td><td rowspan="2">提供する価値
Value
Proposition</td><td>顧客との関係
Customer
Relation</td><td rowspan="2">顧客セグメント
Customer
Segment</td></tr>
<tr><td>主なリソース
Key Resouce</td><td>チャネル
Channel</td></tr>
<tr><td colspan="2">コスト
Cust Structuer</td><td colspan="3">収入
Revenue Streem</td></tr>
</table>

出所：A. オスターワルダー & Y. ピニュール，p. 44，2012

プローチを事業に組み込む必要がある。昨今，欧米のグローバル企業ではこのようなアプローチが顕著に見られるようになってきており，社会課題解決や持続可能なSDGs経営に取り組む企業に注目が集まるようになってきている。

日本においては，少子高齢化や農業従事者の減少，食料自給率の低下懸念が社会問題となっている。その一方で，大量生産・大量消費の生活スタイルが定着し，食品廃棄問題やごみ問題が深刻化している。生産・流通過程での賞味期限切れや規格外を理由に，まだ食べられるのに捨てられる「食品ロス」の量は，日本全体で年間600万トン以上に上り，毎日大型トラック（10トン車）約1,700台分もの食品が廃棄されている。

ベジアの事業構想は，農産品の規格外品を有効利用し，6次産業化やビジネスマッチングによって農家の販路を広げ，所得を向上させ，以って農業従事者を増やそうというものである。その対象は近隣農家の果樹や野菜に留まらず，日本全国津々浦々の農水産物の加工による活用可能性の拡大や付加価値の向上を目指している。こうした事業のあり方は，正に近未来に予想される社会や地球あるいは企業に生じる問題に対して，社会課題を解決しようというアプローチである。このような企業姿勢や事業コンセプトに共感する消費者や取引先などのステークホルダーは今後ますます増えることが想定される。その意味で，社会課題解決を第一義としながら事業としての成長も目指す同社の事業は，CSVビジネスモデル・イノベーションの一例であると捉えられる。

2.2.2(1)　阿賀野市とベジアが共同で行った「『食・農業イノベーション拠点整備事業』―食品乾燥技術によるビジネス創出―」事業が，地方創生を実現するための先導的である点を，CSVビジネスモデル・イノベーションの観点から説明しなさい。なお，ここでのCSV（Creating Shared Value，共通価値）は，社会的価値と，経済的価値の双方を両立していくことを指している。

2.2.2(2)　前テキスト「第5章　ビジネスモデル・イノベーション」の「図表5－5　事業コンセプトとして設計する課題とそれぞれの内容」〔pp.194～

195］を参考に，ベジアの食品常温乾燥技術を活用した新たな事業コンセプトを，以下の項目に沿って，SDGs経営の視点を加味して説明しなさい。

［１］「ターゲット顧客」（誰に）

［２］「顧客価値」（何を）

［３］新たな「ビジネスの仕組み」の工夫（どのように）

［４］自社の経営資源と外部パートナーの決定

［５］収益モデル：儲ける仕掛け

2.2.2⑶　前テキスト「第５章　ビジネスモデル・イノベーション」の「3.1事業コンセプト設計の進め方」の「⑴「ターゲット顧客（誰に）［pp.196～198］」の中で，第４の「ターゲット顧客」の考え方として，「近未来に想定されるであろう社会や地球あるいは企業に生じる問題を予見」し，「社会課題解決志向，社会価値志向」で課題を解決しようとするアプローチが解説されている。環境対策や地方創生，女性活躍などの課題に対し，この第４の「ターゲット顧客」の考え方でビジネスに取り組んでいる，他社の事例を自ら調査研究しなさい。そして，その事例のどのような点がCSVビジネスモデル・イノベーションと言えるのか説明しなさい。

【取材協力の謝辞】
株式会社ベジア　城戸　淳二氏，鹿野　一郎氏，鹿野　京子氏
阿賀野市役所　企画財政課　企画係　古田島　和人氏

【引用・参考文献】

株式会社ベジアHP　<http://vegea.jp/>（閲覧日2019年５月５日）

ナチュラルプロセスファクトリー株式会社パンフレット，<http://natural-process-factory.com/wp-content/themes/npf/books/npf001/#>（閲覧日2019年５月５日）

山形大学工学部高分子・有機材料工学科　山形大学大学院有機材料システム研究科有機材料システム専攻　ラボニュース（2016/９/９）「山形大発ベンチャー，ベジア誕生！」 http://oled.yz.yamagata-u.ac.jp/view.cgi?p=258

阿賀野市ホームページ【報道発表】〈食・農業イノベーション拠点整備事業〉食品乾燥研究施設が稼働します（掲載日：2017年４月26日更新）

http://www.city.agano.niigata.jp/site/hodo/23459.html，（閲覧日2019年5月5日）
内閣府地方創生推進事務局「認定された地域再生計画について」，http://www.kantei.go.jp/jp/singi/tiiki/tiikisaisei/search/pdf/t15.pdf，https://www.kantei.go.jp/jp/singi/tiiki/tiikisaisei/dai39nintei/plan/a242.pdf，（閲覧日2019年5月5日）
阿賀野市役所　企画財政課作成資料　「地方創生推進交付金『食・農業イノベーション拠点整備事業』―食品乾燥技術によるビジネス創出―」（H31.2.6）
A. オスターワルダー & Y. ピニュール著，小山龍介訳『ビジネスモデル・ジェネレーション―ビジネスモデル設計書』翔泳社，2012年

（石丸亜矢子）

索　引

英　数

あ　行

か 行

さ 行

た 行

な行

は行

【編著者略歴】

玉木欽也（たまき　きんや）　…全編編集及び第２章，第３章執筆

青山学院大学経営学部，教授

【学歴】

1981年　武蔵工業大学（現，東京都市大学）工学部経営工学科卒業
1983年　早稲田大学大学院理工学研究科，博士前期課程機械工学専攻工業経営学分野修了
1989年　早稲田大学大学院理工学研究科，博士後期課程機械工学専攻工業経営学分野単位取得退学（工学博士，早稲田大学）

【職歴】

1986年　早稲田大学理工学部工業経営学科助手
1989年　米国パデュー大学 Visiting Scholar
1992年　青山学院大学経営学部，専任講師
1993年　青山学院大学経営学部，助教授（1998年より現職）
2008年　青山学院ヒューマン・イノベーション・コンサルティング株式会社　代表取締役（現職）
2020年　青山学院大学総合プロジェクト研究所　SDGs人材開発パートナーシップ研究所　所長(現職)

【専門分野】

ビジネスモデル・イノベーション，顧客創造戦略，未来戦略デザイン，SDGs地方創生

【主な著書】

玉木欽也編著『未来戦略デザイン・ビジネスプロデューサー』，博進堂，2019年。
玉木欽也単著『ビジネスモデル・イノベーション　未来志向の経営革新戦略』，中央経済社，2018年。
玉木欽也編著『観光立国に向けた産学官連携事業の総合演出家　地方創生プロデューサー』，博進堂，2017年。
玉木欽也編著『着地型観光のつくり方　地方創生ディレクター』，博進堂，2017年。
玉木欽也編著『これ一冊でわかる　eラーニング専門家の基本』東京電機大学出版，2010年。
玉木欽也監修『eラーニング専門家のためのインストラクショナルデザイン』東京電機大学出版局，2006年。
玉木欽也，小酒井正和，松田岳士『eラーニング実践法サイバーアライアンスの世界』オーム社，2003年。
玉木欽也単著『戦略的生産システム』白桃書房，1996年。

【執筆者略歴】

村井　淳（むらい　じゅん）　…第７章執筆

㈱東急ホテルズ　代表取締役社長

【学歴】

1985年　早稲田大学第一文学部　社会学専修卒業（文学士）
2003年　日本大学大学院商学研究科博士前期課程修了（商学修士）
2008年　日本大学大学院商学研究科博士後期課程修了（商学博士・経営学）
2019年　東京都立産業技術大学院大学修了（専門職・創造技術修士）

【職歴】

1985年　東京急行電鉄株式会社（現・東急株式会社）入社
2009年　グループ事業本部　統括部長
2018年　東京急行電鉄株式会社　取締役　人材戦略室長
2020年　東急株式会社　調査役，東急バス株式会社　代表取締役副社長

2021年　同　　㈱東急ホテルズ　代表取締役社長（現職）
【学会等】
日本経営学会，日本マネジメント学会，日本経営倫理学会
産業技術大学院大学・経営倫理研究所（ERISE）

鈴木　宏幸（すずき　ひろゆき）　…第1章，第5章執筆

【学歴】
1983年　青山学院大学法学部私法学科卒業
2019年　東京都立産業技術大学院大学　産業技術研究科専攻修了（創造技術修士）
2020年　高知工科大学　後期博士課程入学　在籍中
【職歴】
1983年～2007年　日本ビクター株式会社　経営企画等に従事。
2007年～2021年　株式会社NTTデータユニバーシティ　事業推進等に従事。
2014年～2021年　昭和女子大学　現代ビジネス研究所　研究員（兼務）
2019年～現在　東京都立産業技術大学院大学　認定講師
2021年～現在　豊橋創造大学　経営学部　教授
【専門分野】
経営戦略，スタートアップ，ビジネスモデル，アーキテクチャ
【学会等】
国際戦略経営研究学会，オープンイノベーション・ベンチャー創造協議会，地域デザイン学会

上岡　恵子（かみおか　けいこ）　…第6章，第8章執筆

日本ユニシス株式会社，コンサルティングマネージャ
【学歴】
1986年　早稲田大学教育学部教育学科　教育心理学専修卒業
2008年　総合研究大学院大学複合科学研究科　情報学専攻博士後期課程　所定単位取得退学
2014年　中央大学大学院戦略経営研究科　戦略経営専攻修了（経営修士（専門職）中央大学）
2018年　中央大学大学院戦略経営研究科　ビジネス科学専攻　博士課程後期課程修了（博士（学術）中央大学）
【職歴】
1986年　日本電気株式会社入社。パッケージ開発，生産管理・サプライチェーン領域システムエンジニア，コンサルタント従事。
2007年　日本ユニシス株式会社入社。ビジネスコンサルタントとして現在に至る。
【専門分野】
ICT投資評価，プロジェクト・プログラムマネジメント，経営戦略策定，情報化戦略策定，生産管理，サプライチェーンマネジメント
【主な著書】
一般社団法人日本監督士協会監修「月刊リーダーシップ」2018年11月号 No.742「特集　事例研究　こんな管理者・リーダーはいらない」一般社団法人日本監督士協会，2018年。
日本ロジスティクスシステム学会 監修・唐澤 豊編著「SCMハンドブック」（第Ⅱ編第4章　人事・組織管理執筆）共立出版，2018年。
佐藤勝尚・石田宏之・三好哲也監修，豊橋創造大学情報ビジネス学部総合講座編集「21世紀・企業家

のフロンティアVOL.7」講義収録　豊橋創造大学，2012年。
上岡恵子共著　「キャッシュフロー生産管理」同友館，2007年。
上岡恵子単著　「クイックマスター　ファイナンス」同友館，　2002年，2003年。
上岡恵子単著　「名講義プロジェクト　門外漢のための会計入門」創己塾，2005 年。
上岡恵子共著　「診断助言事例クイックマスター」同友館，2002年，2003年，2004年。
上岡恵子共著　「中小企業白書完全攻略」法学書院，2001〜2006年。
上岡恵子単著　「産能大通信教育　生産管理テキスト（モノづくりのしくみがわかる，モノづくりの活動がわかる）」学校法人産業能率大学，2006年。
上岡恵子単著　「産能大通信教育　生産管理テキスト（品質管理の考え方，進め方，　QC手法による問題解決実践）」学校法人産業能率大学，2005年。

石丸　亜矢子（いしまる　あやこ）　…第４章，第９章執筆

接点合同会社　代表社員
一般社団法人循環型経済研究所　代表理事
東京家政学院大学　非常勤講師

【学歴】

2000年　立教大学経済学部経済学科卒業（経済学士）
2019年　東京都立産業技術大学院大学修了（専門職・創造技術修士）

【職歴】

2002〜2016年　株式会社野村総合研究所，システムエンジニア及びシステムコンサルタント
2017〜2021年　新潟薬科大学／応用生命科学部　助教・特任講師
2016年　接点合同会社　代表社員（現職）
2018年　一般社団法人循環型経済研究所　代表理事（現職）

【専門分野】

地域活性化，循環型社会形成，ビジネスデザイン

【学会等】

地域活性学会，情報システム学会

ビジネスモデル・イノベーションのケーススタディ

2021年9月10日　第1版第1刷発行
2024年10月30日　第1版第2刷発行

編著者　玉　木　欽　也
発行者　山　本　　　継
発行所　㈱ 中 央 経 済 社
発売元　㈱中央経済グループ
パ ブ リ ッ シ ン グ

〒101-0051　東京都千代田区神田神保町1-35
電　話　03（3293）3371（編集代表）
03（3293）3381（営業代表）
https://www.chuokeizai.co.jp
印刷／三英グラフィック・アーツ㈱
製本／㈲ 井 上 製 本 所

ISBN978-4-502-36961-2　C3034

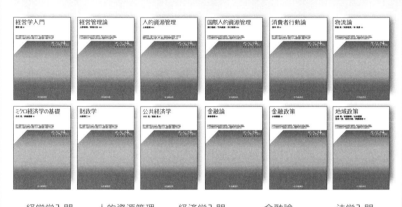